할 말은 합니다

할 말은 합니다

선을 넘는 사람들로부터 나를 지키는

최소한의 언어 습관

희렌최 지음

달

"선배, 이 말은 대체 어떻게 하는 게 좋을까요?"

어느 정도 연차가 쌓이자 후배들이 물었다. 어른이 되고 밥벌이를 한다는 건 때론 싫은 소리를 대변해야 하는 사람이 되었다는 말이기도 하다. 사회 초년생 시절, 나 역시 부정적인 말을 상대에게 해야 하는 상황이 두려웠다. 어떻게 말을 할까 한참을 끙끙대다 친한 선배에게 조언을 구했다. 선배의 지혜로운 답변에 막힌 속이 뻥 뚫리듯 시원해졌다. 분명 부정적인 피드백이었는데, 선배의 표현 필터를 거치고 나니 나도 프로가 된 듯했다. 그때 다짐했다. 나도 그 선배처럼 지혜롭게 말하고, 후배들에게 꿀팁을 전수해주는 어른이 되자고.

하지만 안타깝게도 그때의 결심과 달리 내 말은 내 마음 같지 않았다. 오랜 꿈이었던 라디오 PD로 입사해 가슴 벅찬 나날을 보내던 중, 갑자기 공석이 된 DJ를 대신하여 마이크 앞에 앉았을 때가 더욱 그랬다. 마음과 달리 말이 자꾸 헛나왔고, 청취자의 문자 사연에 진심으로 답하고 싶은데도 뻔한 말만 하고 있었다. 어릴 적 즐겨 들었던 라디오의 DJ들처럼 어른이 되고 경험이 쌓이면 공감 능력도 생기고 말도 잘하게 될 줄 알았는데 그게 아니었다. 대책이 필요했다.

말을 개선하기 위해 맨 처음 주력한 건 마음을 덥히는 일이었다. 말은 마음의 창이니 내 마음을 따뜻하게 데워놓으면 말의 온도도 알아서 올라갈 거라 생각했다. 미사여구로 치장한 화려한 언변이 아니어도, 말에 진심을 담으면 마음이 사람들에게 가닿을 거라고 믿었다. 하지만 얼마 못 가, 매일 해야 할 일이 쌓이는 직장인에겐 비현실적인 해결책이라는 것을 깨닫게 되었다. 마음의 여유도 없었을뿐더러 돌발 상황이 많은 생방송을 겨우 해내던 시절의 나에게는 무리였다. 마음을 데울 화력조차 충분치 않았기에 그나마 있던 한 줌의 온기마저 급속히 식어버리곤 했다.

방법을 바꾸었다. 말을 잘하는 사람들의 방송을 모니터링하고, 듣고 따라 해보는 일명 '섀도잉'을 했다. 오전 9시 생방송을 위해 남들보다 이른 새벽에 출근하면서 매일같이 생방송을 진행하는 프로들의 말투를 귀 기울여 들었다. 그들의 노하우를 배워 나의 것으로 만들고 싶었던 간절함은 서울에서 인천까지 매일 120킬로미터를 오가던 출퇴근길도 즐겁게 만들어주었다. 차 안은 라디오 진행자들의 말을 따라 하고 분석하는 데 최고의 연습실이었다. 이직 후에는 매주 1팀씩, 100팀의 아이돌을 만나 라디오 프로그램을 제작했는데, 그들의 말을 듣고 편집하면서 인상적인 표현이나 화법에 안테나를 세웠다. 아는 만큼 보이고, 부족한 만큼 절실하게 와닿았기에 수많은 사람의 말을 듣는 일이 더욱 값지게 느껴졌다. 말하는 일을 시작하고 난 뒤부터 말이다.

시간이 지나면서 시행착오를 겪고 조금씩 나만의 노하우가 쌓이자 말의 덕을 보는 일이 생겨났다. 진행자로서의 능력만이 아니었다. '아 다르고 어 다른' 말의 디테일은 일, 관계, 삶에도 긍정적인 영향을 미쳤다. 녹음이나 촬영 현장에서 조금 더 신경 써서 소통하면, 진행하는 아티스트의 목소리 톤뿐만 아니라 현장

스태프들의 분위기와 공기도 달라졌다. 어렵지만 꼭 해야 하는 부정적인 피드백, 회사의 입장을 대변하는 사람으로서 해야 할 말들을 해낸 경험은 자기 효능감$^{self-efficacy}$을 높이며 프로로 거듭나는 원동력이 되었다.

이 책을 읽는 당신이 그런 말의 덕을 봤으면 하는 마음으로 글을 썼다. 말이 바뀌면 삶이 바뀐다. 사람이 하는 일에서 말은 무엇보다 필수적인 요소이며, 때론 전부이기도 하다. 나 역시 아직도 자주 쓰러지고 자주 일어난다. 인생에서 마음 공부가 그렇듯이, 말 공부 역시 평생 해야 하는 과제 같기도 하다. 그럼에도 쓰러지고 일어나는 경험들 속에서 반드시 성장한다는 사실을 믿는다면 분명 어제와 다른 나를 발견하게 될 것이다. 꼭 해야 할 말을 지혜롭게 전하려고 오늘도 고심하는 당신이 할 말을 제대로 하고, 앞으로 나아가는 데 이 책을 활용한다면 더할 나위 없이 기쁘겠다.

차례

2. 나를 위한 최소한의 말

3. 어려운 말도 쉽게

4. 같은 말도 더 매력적으로

1
선 넘는 너에게

아무렇지도 않게 선을 넘는 사람들이 있다.

이때 필요한 것이 바로 호신의 언어다.

해결되지 못한 울분이 무력감으로 변해

나를 좀먹지 않도록 호신의 언어 기술을 익혀보자.

말 같지도 않은 소리로부터
나를 지키기

"OO 씨는 운동해서 살 좀 빼자. 입사 때만 해도 우리 팀 에이스였는데 2년 만에 팍 삭았네. 자기 관리도 능력이다?"

회식 자리에서 상사에게 뜬금없이 이런 말을 들었다면, 당신은 어떻게 반응하겠는가. 받아칠 타이밍은 고작 몇 초뿐, 우물쭈물하는 사이 기회는 지나가 버린다. 동료들 앞에서 공개적으로 자기 관리 못 하는 살찐 사람이 되어버렸는데도 눈만 동그랗게 뜬 채 한마디 대꾸도 못 하는 내 모습에 짜증이 더 솟구친다. 아마도 퇴근길에 '하, 이렇게 받아칠걸' 하며 후회할 것이다.

누군가에겐 그저 우스갯소리, 가벼운 농담일 수 있는 이야기들. 하지만 그게 내 일이 되면 무심해질 수가 없다. 머릿속에 깊

15

이 박혀 두고두고 상처가 된다. 의식과 무의식 사이 어딘가에 머무르며 평온한 일상을 들쑤신다. 상처를 준 사람에게 가서 따지고 싶지만, "아니, 그걸 아직까지 맘에 담고 있었어?"라며 소심하고 속 좁은 사람 취급까지 더해질 것만 같다. 상대에게 그냥 마음을 닫아버리는 게 상책이라고 느껴진다.

말의 벽: 날카로운 또는 무딘

상사의 짧은 말 몇 마디 안에는 평가의 평가들이 꼬리를 물고 이어져 있다. '살 좀 빼자'라는 말은 외모 평가에 그치지 않고, 무능력하고 한물간 사람이라는 낙인이 되어버린다. 하지만 난데없이 무례함으로 응축된 말을 들으면, 어디서부터 어떻게 반박해야 할지 몰라 말문이 막힌다. 이런 일들이 누적되면 마음의 피로도가 높아진다. 결국 나를 방어하기 위해 상대를 향한 말의 벽을 세우게 된다.

"OO 씨, 발이 의외로 되게 못생겼네? 전 뒤집개 닮았어."
"선배님, 대체 저한테 왜 그러세요?"
"아유, 웃자고 한 말이야. 발인데 뭐. 인상 풀어."

이처럼 날이 선 말의 벽은 오히려 역공의 빌미를 제공할 뿐이다. 나로선 쌓이고 쌓인 화를 폭발한 것이지만, 상대는 나의 감정선을 알지 못 하거나 알려고도 하지 않기 때문이다.

특히 위계질서를 중요시하는 수직적인 구조의 조직이라면, 연장자나 선임에게 감정적으로 대응하는 것이 더더욱 부정적으로 비칠 수 있다. 개인보다 집단이 우선시되는 분위기에선 개인의 감정은 뒷전이고 업무의 효율만 따지는 경향이 있지 않은가. 타인의 평판이 인사 고과에 반영되는 회사라는 조직에서는 커리어의 걸림돌이 되기도 한다. 자신을 방어하기 위해 쌓은 말의 벽이 결국엔 수많은 화살이 되어 나에게 되돌아오는 것이다.

이와 달리, 공격성이 겉으로 드러나지 않는 말의 벽도 있다. 최 대리의 예를 들어보겠다. 그는 몇 달째 과중한 업무에 시달리느라 평일 야근은 물론 주말조차 출근하느라 제대로 쉬지를 못했다. 프로젝트처럼 기한이 있는 일도 아니고, 업무를 대신 해줄 사람도 없어 번아웃 직전이다. 그런데 상사는 사정 뻔히 알면서도 엉뚱한 소리를 한다.

"최 대리, 피곤해? 표정이 왜 그래?"
"네, 좀 피곤하네요."
"에이, 그 나이 땐 좀 더 파이팅 넘쳐야 하는 거 아니야?
피곤한 건 알겠지만, 꼭 그렇게 티를 내야 하나 싶네. 신입

도 아니고 말이야. 암튼 오늘 밤까지 이 문서 마무리해줄
수 있어?”

“네…, 알겠습니다.”

사실 최 대리는 지시한 추가 업무를 수행하기 어려운 상황이
지만, 자꾸 시비를 거는 상대와 길게 말하기 싫어서 그냥 들어주
고 만다. 이는 상대와의 마찰을 피하고 일단 상황을 벗어나기 위
해 그냥 참고 넘겨버리는 수동적인 말의 벽이다. 그런데 이런 경
우 손해를 보는 쪽은 상대가 아니라 나다. 과중한 업무량, 풀지
못한 감정의 응어리 탓에 나는 쓰러지기 직전인데도 정작 상대
는 아무런 타격도 받지 않기 때문이다. 마찰을 피하려고 ‘알겠습
니다’라고 하며 넘어갔지만, 시간이 지날수록 상처는 곪아 진물
이 나고 업무 능률은 바닥을 친다. 그러니 날카롭건 무디건, 무례
한 말에 벽만 잔뜩 세우는 것은 장기적으로 답이 아니다.

나를 지켜주는 호신의 언어

무례한 말에 지속적으로 노출되다 보면 나도 모르게 방어 기
제가 작동한다. 정신 분석의 창시자 프로이트는 외부의 공격이
나 내부의 죄책감 등으로 무너지는 자아를 지키기 위해, 인간은

자기 방어 기제를 갖추고 있다고 봤다. 그중에서도 '수동 공격성passive-aggressiveness'은 미성숙한 방어 기제로, 수동적이고 방어적인 말의 벽을 세우는 것이 한 예다. 어떤 일에 불만과 분노를 직접 표출하는 대신 복종하는 말을 하지만, 고의로 일을 그르치거나 지연시키는 것처럼 수동적인 공격을 하는 식이다. 이를테면 직장 상사처럼, 직접적으로 부딪히면 내가 피해를 볼 수도 있는 상대 앞에서 이런 방어 기제가 작동하기 쉽다. 그러고 나면 당시에는 자신을 보호해낸 것처럼 느끼지만, 장기적으로는 업무 처리를 제대로 못 한다는 평판을 얻게 된다. 그 원인이 무의식적인 방어 기제임을 모르기에 억울하게만 느껴진다. 무례한 상대로부터 나를 지키려는 행동이었지만, 미성숙한 방어 기제는 오히려 상처만 더할 뿐이다.

결국 나를 건강하게 지켜내고, 적당히 받아주면서 끊어내는 대답의 기술이 필요해진다. 하지만 어른에 대한 말대답이 부정적으로 여겨지는 사회에서는 성인이 됐다고 해서 갑자기 자신만의 목소리를 낼 수 있는 게 아니다. 어른 위엔 언제나 더 높은 어른이 있기 때문이다. 예의를 차려야 하는 분위기를 고려하여 나만의 대응 매뉴얼을 미리 만들어두지 않으면, 무례한 말에 즉각적으로 대처하기가 쉽지 않다. 이불 뒤집어쓰고 혼자 발길질하는 상황을 더는 맞지 않으려면 자신의 성향에 맞춰 상황별, 대상별 대화의 기술을 미리 익혀둬야 한다.

마하트마 간디는 이렇게 말했다.

신념에서 나오는 '아니요'는 그저 다른 이를 기쁘게 하거나 위기를 모면하기 위해 말하는 '예'보다 더 낫고 위대하다.

타인의 감정을 고려하지 않고 뱉어지는 말들이 권력과 합세해 위력을 갖게 하는 것을 막기 위해, 그리고 나의 몸과 마음을 건강하게 지켜내기 위해 때론 나만의 방식으로 '아니요'라고 할 줄 아는 용기가 필요하다.

이는 곧 호신의 언어라 할 수 있다. 즉 감정적으로 휘말리지 않고 나를 지켜내는 것으로, 해결되지 못한 울분이 무력감으로 변해 나를 좀먹지 않도록 사회에서 내 밥그릇을 지키는 언어의 기술이다. 지금부터, 말의 급류에서 허우적대는 나를 건져내 줄 '호신의 언어'를 배워보자.

효율적인 방패막이, 물음표

살다 보면 순전히 잘 몰라서 무례나 결례의 말을 하게 될 때가 있다. 상대를 깎아내리거나 비웃으려는 의도는 전혀 없었지만, 말실수로 인해 누군가의 가슴에 비수를 꽂기도 한다. 늘 배우고자 하는 자세를 지녀야 하는 이유가 이것이다. 실수 자체는 문제가 아니다. 자신의 실수를 알아채지 못하고, 알아채려고 노력조차 하지 않으면서 무례를 계속 저지를 때 문제가 된다.

'무식한 사람이 신념을 가지면 위험하다'라는 말도 있듯이, 부끄러움을 모르고 타인에게 상처 주는 말을 거리낌 없이 내뱉는 사람이 신념을 이행할 권력이나 권한까지 손에 쥐면 위험해진다. 특히 나이나 서열에 따른 상하 관계가 절대적인 환경에서 높은 자리를 차지할수록, 자신의 무지를 인정하기는 쉽지 않다.

무례한 말에는 질문으로 응수한다

"있잖아, 최 PD 집에 내가 한번 가봐도 될까?"

자취 생활을 시작한 지 얼마 안 됐을 때, 한 상사가 이렇게 물었다. 집들이도 아니고, 혼자 자취하는 집에 왜 와보겠다는 거지? 영문을 모르겠다는 내 표정을 보면서 그가 말을 이었다.

"우리 딸이 이번에 취업을 했는데, 회사가 멀어서 처음으로 독립을 하게 됐어. 우리 딸이 부족함 없이 자랐잖아. 그러다 보니 눈이 너무 높은데, 최 PD 집을 보면 눈을 좀 낮출 수 있을 것 같아서 말이야."

그가 다른 저의를 숨기고 있지 않다는 건 나도 잘 안다. 악의는 없지만 상대에게 실례가 될 수 있는 말을 아무렇지 않게 하는 것을 종종 봐왔기 때문이다. 하지만 내가 사는 집을 보여줘서 딸의 눈을 낮추겠다는 말은, 악의가 있든 없든 무례하다고 느껴졌다. 취업을 하고 오랜 로망이었던 자취를 시작한 터라, 나는 나름의 애정을 담아 꾸미고 살았다. 그런 집을 누군가의 눈높이 교육용으로 보여준다는 건 그다지 유쾌한 경험이 아닐 듯했다. 그런 걸 다 떠나서, 편안한 나만의 거주 공간이 그들 부녀에게 교육의

22

장이라는 도구로 전락하는 건 용납할 수 없는 일이었다. 그냥 넘어가자니 이후에도 계속 집을 보여달라고 요구할 것 같았다. 그 순간, 관계와 나를 모두 지켜낼 현명한 대답이 필요했다. 나는 미소를 띠고 대답했다.

　　"하하, 선배님. 정말 눈이 낮아질 거라 생각하세요?"

　무례한 대답을 직접 받아칠 수 없는 수직적인 관계에서 대답을 하지 않으면 곤란할 때, 바로 이런 순간이 물음표를 활용할 타이밍이다. 물음표, 즉 질문의 효과는 상대에게 대답을 요하는 의사소통 방식이라는 본질에서 나온다. 질문에 질문으로 응수하면, 이제 대답을 해야 하는 의무와 부담이 상대에게 넘어간다. 당황하면 머릿속이 하얘지면서 대답할 타이밍을 놓쳤던 경험이 많을수록 꼭 익혀야 하는 기술이 바로 질문하기다. 정면으로 승부하는 대신 질문으로 받아치면, 상대의 무례한 말에서 나를 구할 수 있다.

모호한 말을 들었을 땐 진의를 묻는다

　상대의 말이 정확히 무슨 뜻인지, 어떤 의도에서 한 말인지 모르겠을 때는 다시 물어보는 게 좋다. 특히 '임의성'이 있는 단어에 효과적이다. 언어에는 임의성이 있어서 같은 단어를 두고도 사람마다 다른 해석을 할 수 있다. 이럴 때 진의를 묻는 것은 오해로 인한 마찰을 줄일 수 있다는 점에서 현명한 대처 방법이다. 모호한 단어를 사용하는 바람에 본의 아니게 말실수를 한 상대에게 수습할 기회도 줄 수 있다.

"고기 좋아하시게 생겼어요."
"네? 무슨 뜻인지 좀 구체적으로 얘기해줄래요?"
"제가 육식파인데요, 식습관이 저랑 비슷하실 것 같아요."

소개팅을 하고 온 친구가 들은 말이다. "고기 좋아하시나 봐요?"도 아니고, "고기 좋아하시게 생겼어요"는 또 무슨 뜻이란 말인가. 이처럼 듣는 상대마다 다르게 해석할 여지가 있는 표현은 다시 확인하는 것이 좋다. 상대의 말에서 무례함이 느껴졌다면, 진의를 짚고 넘어가는 것이다. 구체적으로 들어보면 그 무례한 말의 고의성을 파악할 수 있고, 만약 고의가 없었다면 그대로 흘려보내기도 쉬워진다. 반대로 고의성이 있다면 무례함을 짚어낼 수 있고, 상대를 더욱 정확히 아는 계기가 된다.

구체적인 설명을 요청하는 질문은 무례한 말에 직접 대응하지 않으면서, 의도하지 않았던 무례한 표현을 상대가 스스로 바로

애매모호한 말에는 진의를 다시 물어본다.

잡게 하는 데 도움이 된다. 다시 설명하는 과정에서 미처 인지하지 못했던 자신의 편견이나 생각의 오류를 점검할 수 있기 때문이다. 특히 나이나 지위 탓에 상대에게 직접적인 반론을 하기 껄끄러운 관계에서 유리한 화법이다. 이때 던지는 물음표는 상대의 말이 잘못됐다는 것을 간접적으로 비춰줄 수 있는 거울과 같다.

"최 대리도 이제 꺾였네."
"말씀이 이해가 잘 안 돼서요."

친한 친구나 가족처럼 가깝고 편한 사이에서 무심코 툭 뱉은 말로 오해가 생겨 상처를 주고받을 때도 있다. 정서적으로 친밀하거나 영향력 있는 사람의 한마디는 더 깊고 오래가는 상처가 되기 쉽다. 그러므로 친밀한 사람의 악의 없는 말이 뾰족하게 다가온다면 말의 의미를 다시 확인하는 질문이 필요하다. 이는 방탄조끼 같은 역할을 한다.

"너 보기보다 되게 조금 먹는다."
"응? 무슨 뜻인지 잘 모르겠어."
"평소에 간식 엄청나게 좋아하길래 말이야. 조금씩 자주 먹나 보구나!"

'보기보다'라는 말만 놓고 보면 잘 먹게 생겼다는 뜻으로 들릴 수도 있다. 그래서 '내가 그렇게 식탐이 많아 보이나?' 싶어질 것이다. 이렇게 중의적 표현 때문에 오해가 생기기 쉬운 상황에서 말의 의도를 확인하는 질문을 던지는 것이다. 진의를 들으니, '보기보다'가 다른 뜻으로 쓰였음을 알게 됐다. 평소에 자주 먹는 내 모습에 비춰 볼 때 생각보다 밥을 적게 먹는 것을 보고 단순히 이야기한 것이다. 이렇게 명확한 의미를 물으면, 상대에게 표현을 바로잡을 기회를 주고 불필요한 감정 소모를 줄일 수 있다.

타이밍 놓치지 않고
깔끔하게 반격하는 기술

진의를 묻는 것만으로는 부족한 상대도 있다. 무례함이 실수가 아니라 의도가 있다고 느껴지는 사람, 타인에게 무심해서 자신의 말이 어떻게 받아들여지는지 관심조차 없는 사람 등이 그렇다. 그럴 땐 조금 더 적극적인 물음표 사용법이 필요하다.

백 트래킹 질문으로 되돌려주기

무례한 말을 조금 더 적극적으로 짚어야 할 때가 있다. 그런데 즉각적으로 답할 순발력이 부족하거나 당황하여 타이밍을 놓치기 일쑤인 사람이라면 백 트래킹back tracking 질문이 효과적이다.

백 트래킹이란 상대의 말을 따라가며 대화의 소재를 찾아내는 기술을 말한다. 상대와의 대화를 원활히 이어나가는 스킬로 많이 쓰이지만, 답하기 어려운 상대의 말에 단순하면서 즉각적으로 대응하고자 할 때도 활용할 수 있다. 의미가 모호한 표현이나 무례하다고 느껴지는 상대의 말을 거슬러 올라가 질문하는 방법이다.

"예전부터 생각했는데, 너 우리 할머니랑 참 닮았어."
"그래? 어떤 점이 닮았어?"
"내가 할머니랑 자랐거든. 늘 남을 먼저 배려해주시는데,
  너한테서 그런 모습이 자주 보여."

누군가를 닮았다는 말을 들으면 혼란스러울 때가 있다. 화자의 의도가 무엇인지 명확히 알 수 없기 때문이다. 닮아서 좋다는 건지 별로라는 건지, 그저 외모가 닮았다는 건지 성격이 그렇다는 건지. 어느 쪽이 됐든 의도를 명확히 확인하지 않으면 듣는 사람은 찜찜할 수도 있다. 특히 지인을 닮았다는 말은 주관적이고 불친절하게 들리기 쉽다. 앞서 말했듯이, 언어의 임의성 때문에 듣는 사람에 따라 다양하게 해석할 수 있기 때문이다. 이럴 때 백 트래킹을 활용해 상대의 의도를 물으면, 임의성 탓에 생긴 모호함을 해소하고 오해도 풀 수 있다.

무례한 질문으로 곤욕을 치르곤 하는 유명인들의 인터뷰에서

도 백 트래킹의 사례를 찾아볼 수 있다. 한 영화 시사회에서 배우 톰 하디가 기자의 갑작스러운 질문을 받았다. 기자는 그의 예전 인터뷰들을 보면 성 정체성이 모호해 보인다며 이렇게 물었다.

"셀럽들은 성 정체성에 대해 말하기 힘든가요?"

영화와 관련 없는 사적인 영역에 대한 문답은 가십성 타이틀로 악용될 소지가 있다. 민감한 질문에 대답을 잘못하면 내용이 엉뚱한 방향으로 흘러 배우의 이미지에 치명타를 안기기도 한다. 그런 상황에서 톰 하디는 백 트래킹을 사용한 답변을 했다.

"성 정체성에 대해 말하기 힘들지 않아요. 제 성 정체성에 대해 묻는 건가요?"

그는 먼저 기자의 질문에 답한 뒤, 그 질문의 의도를 정확히 물었다. 이에 기자가 그렇다고 하자 그가 다시 물었다.

"왜요?"

톰 하디의 반문에 기자가 대답하지 못하자 "감사합니다"라며 인터뷰를 끝내버렸다. 기자의 의도대로 복잡한 질문에 답하느라 진땀을 흘리는 대신, 그의 말에서 다시 질문을 끌어낸 것이다. 그러면서 기자의 말에 담긴 무례함이 분명히 드러나게 했다. 이제 기자는 자극적인 타이틀을 뽑기 어려워졌다.

이처럼 백 트래킹을 통한 질문은 무례함에 대응하는 에너지를 최소화해 나를 방어할 수 있다는 장점이 있다. 상대의 말에서 불순한 의도가 보이거나 불쾌하다고 느껴질 때, 자신을 방어하는 데 에너지를 쏟거나 혼자 괴로워할 필요가 없다. 심플한 백 트래킹 질문으로 무례함의 짐을 상대에게 되돌려주자.

리프레이밍으로 질문 던지기

리프레이밍reframing은 무례한 상황에서 나를 강력하게 수비해내는 기술이다. 부정적인 말에 담긴 어폐를 찾아 관점을 바꾸는 것이다. 이를테면 "물이 반밖에 안 찼네"를 "물이 반이나 찼네"로 바꾸는 식이다.

대표적인 사례로 봉준호 감독의 인터뷰를 들 수 있다. 영화 〈기생충〉으로 오스카 영화제에서 4관왕을 차지한 후 가진 인터뷰에서 뉴욕의 문화평론지 〈벌처〉의 기자가 이렇게 물었다.

"지난 20년 동안 한국 영화가 큰 영향력을 발휘했음에도 오스카상 후보에는 단 한 번도 오르지 못했는데 어떻게 생각하는가?"

봉 감독은 다음과 같이 답했다.

"조금 이상하긴 해도 별일은 아닌 것 같다. 오스카는 국제 영화 축제가 아니지 않나. 지역 축제일 뿐이다."

이 대답은 미국 언론에 신선한 충격을 안겼다. 미국이 세계의 중심이라고 생각해왔는데, 자신들의 영화제를 '지역 축제'로 축소해버린 봉 감독의 리프레이밍에 정신이 번쩍 든 것이다.

이렇게 리프레이밍을 잘 활용하면, 무례한 말에 크게 힘들이지 않고 우아하게 반격할 수 있다. 특히 리프레이밍과 물음표가 만나면 그 효과는 더욱 커진다. 무례한 말을 한 상대가 다시 대답하는 과정에서 자신의 말에 담긴 문제점이 공개적으로 드러나기 때문이다.

리프레이밍 질문은 대체로 상대가 부정하는 것을 긍정하거나, 상대가 긍정하는 것을 부정하는 형태를 띤다. 한때 온라인을 뜨겁게 달궜던 직장인의 경험담에서도 리프레이밍 질문의 예시를 찾을 수 있다. 가정 폭력으로 처벌을 받은 한 남편의 기사가 회사 동료들 사이에서 화두가 됐다. 한 직원이 이렇게 말했다.

"마누라 한 대 때린 거 가지고 처벌이 너무 심하다."

그러자 옆에 있던 동료가 이렇게 물음표를 달았다.

"마누라 몇 대 정도는 때리면서 살고 싶으신가 봐요?"

상대의 긍정을 부정하는 이 강력한 리프레이밍 질문 덕에 그의 말에 담긴 문제점이 드러났다. 이렇게 관점을 바꾸어 상대의 말을 들여다보면, 결국 말은 평소의 생각이나 욕망에서 비롯되는 것임을 알 수 있다. 불편한 말이지만 어디서부터 어떻게 반박해야 할지 모를 때, 리프레이밍은 말의 모순을 꼬집는 질문을 가능하게 한다. 상대의 무의식에 숨어 있는 생각의 문제점을 알리고 싶을 때, 리프레이밍 질문이 매우 효과적이다.

리프레이밍 질문은 부정적인 말을 긍정적으로 재해석해 분위기를 좋게 풀어가는 데에도 효과적이다. 부정적으로 비칠 수 있는 모호한 표현을 긍정적 표현으로 바꿔 상대에게 다시 넘기면, 부정적으로 흘러가는 대화를 바로잡을 수 있다.

"대리님, 볼수록 장군 같아요."
"장군 같다는 게 무슨 의미예요? 에너지가 좋고 씩씩하다는 뜻?"

"하하, 그렇다고 쳐요."

장군 같다는 다소 모호한 표현에 긍정적인 해석을 담아 리프
레이밍을 했다. 말을 꺼낸 사람이 상처 줄 의도가 없었다면 함께
웃는 것으로 분위기가 유쾌하게 바뀔 수 있다. 반면 예시와 달리
긍정을 부정하며 구체적으로 무례한 답변이 다시 돌아온다면, 상
처받았다는 표현을 할 명분이 생긴다. 상대가 나에게 상처를 주
려는 의도가 확실해졌기 때문이다. 누군가가 대놓고 상처를 준다
면, 이때는 상대의 진의를 묻는 방법을 응용할 수 있다.

"대리님, 볼수록 장군 같아요."
"장군 같다는 게 무슨 의미예요? 에너지가 좋고 씩씩하다
는 뜻?"
"그게 아니라, 체질인지 모르겠는데 살이 잘 찌시는 것 같
아서요. 덩치가 크다는 느낌?"
"설마…, 지금 저 상처 주시는 건가요?"

긍정적인 리프레이밍을 상대가 부정한다면, 조금 더 직접적인
질문으로 그 말의 의도를 물어보자. 이때 '설마'라는 말을 덧붙여
주면, 상대에게 마지막 변명의 여지를 주는 효과가 생긴다. 설마
그렇게 심한 말을 할 리가 있겠느냐는 뉘앙스로 진의를 물으며

다시 한번 기회를 주는 것이다. 이렇게까지 기회를 주었는데도 계속 공격적인 말을 이어간다면, 그때부터는 물음표가 아닌 '타임'이나 '퇴장' 카드가 필요하다. 운동 경기에서도 페어 플레이를 하지 않는 선수에게는 레드카드를 내밀지 않는가.

원치 않는 평가나 충고에는
침묵과 단답으로

톨스토이의 마지막 책 《살아갈 날들을 위한 공부》에는 이런
구절이 나온다.

잘못된 생각을 드러내는 두 가지 행동이 있다.
말해야 할 때 침묵하는 것,
그리고 침묵해야 할 때 말하는 것이다.

침묵해야 하는 순간 튀어나온 말에는 보통 원치 않았던 평가,
오지랖의 탈을 쓴 판단, 오만함이 깔린 섣부른 충고가 담겨 있다.
모양새는 각각 다르지만, 듣는 이에게 불쾌감을 주는 무례하고도
불필요한 말이다.

침묵을 지켜야 하는 순간 불쑥불쑥 말을 내뱉는 사람들은 주로 연장자나 권력을 쥔 쪽이다.

> "방송 일 왜 하려고 하는 거야? 취미로 하는 거라면 몰라
> 도, 좋은 데 시집가서 그냥 편하게 사는 게 최고야."

간절한 마음으로 취업 준비를 하던 PD 지망생 시절. 한 방송사 PD가 내게 한 말이다. 그 순간 여러 생각이 들었다. 우선 그는 내 꿈에 대해 들을 자세가 되어 있지 않아 보였다. 정말 관심이 있어 던진 질문이 아니었기 때문이다. 게다가 좋은 데 시집가는 게 미덕이라고 여기는 시대착오적인 발언은 어디서부터 반박해야 할지 아득하기만 했다. 당시 나는 취업 준비로 몸과 마음이 많이 지쳐서 그에게 굳이 에너지를 쓰고 싶지 않았다. 그때 내가 택한 방법이 바로 '침묵'이었다. 나는 그를 빤히 쳐다본 후 아무 말도 하지 않았다.

무례한 말을 하는 사람에게 듣는 이를 고려하지 않고 떠들 자유가 있다면, 듣는 사람 또한 대답하지 않을 권리가 있다. 이때 침묵은, 큰 에너지를 쏟지 않고도 할 수 있는 비언어적 대답이다. 물론 침묵은 앞서 제시한 방법들에 비하면 소극적이다. 게다가 표정이 따라주지 않는다면 상대의 표현을 수용하는 것으로 비쳐 의도와는 반대의 결과를 낳을 수도 있다. 그래서 필요한 것이 침

묵을 효과적으로 다루는 기술이다. 바로 침묵과 함께 '단답'을 적절히 활용하는 방법이다.

상황 탈출의 기술 1: 단답 후 침묵

상대의 무례한 말에 짧게 대응한 후 서둘러 벗어나고 싶을 때가 있다. 선을 넘는 상대가 상급자나 연장자처럼 예의를 갖춰야하는 사람이라면, 단순 침묵은 오히려 역효과를 낳을 수 있다. 이럴 때 무례한 말이 길어지는 것을 방지하고 싶다면 먼저 짧은 대답으로 맥을 끊는 것이 좋다. "넵", "아하"처럼 짧게 대답한 후침묵하는 방법이다. 이런 단답은 상대의 말을 멈추게 하는 효과가 있다. 더는 할 말이 없게 대답한 후 부연 설명을 하지 않고 침묵함으로써 상대에게 대화를 중단하고 싶다는 의사를 간접적으로 표현하는 것이다.

"연애 너무 오래 쉬면 안 돼. 사람은 늘 누군가를 만나야
한다고."
"넵!"
"진짜야. 나이 들면 외로워. 결혼할 나이 다 돼서 사람 찾
으면 없다니까? 눈 낮춰서 얼른 사람 좀 만나."

"..."

한 귀로 듣고 한 귀로 흘리며, 영혼 없는 단답을 반복하면 상대는 할 말이 점점 사라진다. 대응을 해주지 않으니 대화 소재가 고갈돼 결국 제풀에 지친다. 평소에 의사 표현을 확실히 하던 사람일수록 단답 후 침묵의 효과는 더 커진다. 단답과 침묵을 통해 대화를 이어가고 싶지 않다는 신호를 주는 것이다. 이때 "그렇군요!" 같은 긍정의 단답을 해주면 상대는 트집을 잡기가 더욱 어려워진다. 자신을 무시하는 것도 아니고 그렇다고 부정하는 것도 아니기 때문에 대화가 쉽게 종료된다. 누군가의 오지랖이나 태클에 굳이 대응할 가치를 느끼지 못한다면 단답과 침묵을 번갈아 사용하자.

상황 탈출의 기술 2: 선 침묵, 후 단답

상습적으로 선을 넘는 사람은 대개 눈치가 없다. 타인에 대한 배려가 부족하거나 타고나기를 눈치가 없는 성향의 사람 또는 눈치를 볼 필요가 없는 사회적 지위를 가진 사람들이 그렇다. 이런 사람들은 단답을 해도 본인의 실수를 바로 알아채지 못한다. 그러므로 조금 더 확실한 의사 표현이 필요하다. 침묵의 효과를 극대화하는 '선 침묵, 후 단답'의 기술이다. 단순히 단답과 침묵의 순서를 바꾸기만 해도 침묵이 주는 긴장감을 높일 수 있다.

"가만히 보면 너도 엄청 예민해. 그렇게 살면 안 피곤해?"

"…"

"왜 말이 없어. 다 너 생각해서 하는 말이야."

"그렇군요."

침묵 후 마지못해 짧은 답을 함으로써 상대와 대화를 이어가고 싶지 않다는 속내를 알릴 수 있다. 더 확실한 의사 전달을 위해서는 표정에도 신경 쓰는 것이 좋다. 침묵하는 동안 웃음기 없는 얼굴로 상대를 무표정하게 바라보는 것이다. 이런 비언어적 표현 덕에 긴장의 효과는 더욱 커진다.

만약 침묵 후 상대가 대답을 강요하거나 채근한다면, 나의 침묵으로 심기가 불편해졌다는 뜻이다. 그런데 끝까지 눈치가 없는 상대라면 채근하기보다는 무례한 이야기를 계속 이어갈 수도 있다. 내가 보낸 신호를 상대가 계속 읽지 못하더라도 무반응, 침묵으로 일관하자. 대화의 의지를 보여주지 않으면 상황을 빠르게 종료시킬 수 있다.

"예전부터 생각했는데, 오 대리 딱 살만 빼면 예쁠 것 같아."

"…."

"진짜인데?"

"네."

상대의 말이 끝나자마자 단답이 빠르게 나올수록 더 단호한 인상을 준다. 상대와의 대화를 서둘러 마치고 싶다는 뜻을 전하는 방법으로 침묵, 단답, 타이밍을 사용하는 것이다. 안 했으면 좋을 '말 같지 않은' 말을 할 때, 무례한 말에 굳이 에너지를 쓰고 싶지 않을 때 침묵과 단답은 단순하면서도 효과 높은 방법이다.

포식자에 맞서는
미지근한 대답의 힘

선을 넘는 막말을 상습적으로 하는 이들이 있다. 백 트래킹 질
문이나 단답에도 흔들림 없이 무례한 말을 계속 쏟아내는 사람
들 말이다. 이들에게는 자신보다 사회적·신체적으로 약한(또는
약하다고 느껴지는) 타인을 말로 누르며 우월감을 느끼려는 심리
가 있다. 심리학자 알프레드 아들러에 따르면, 우월감은 '열등감
에 대한 보상'이라는 개념이다. 자신이 겪고 있는 어려움에서 탈
출하기 위해 사용하는 여러 방법 중 하나가 바로 우월감이라는
얘기다. 이들은 약자의 희생을 먹고 자라는 포식자다. 차별과 비
하의 말을 거리낌 없이 하고, 선을 넘는 평가와 충고를 상습적으
로 하는 이런 포식자들은 마음 깊숙한 곳에 자리한 열등감을 누
르기 위해 무의식적으로 희생양을 찾아 헤맨다.

포식자를 만났을 때 침묵은 좋은 대안이 아니다. 침묵이 무시로 비쳐 도리어 열등감을 폭발시키는 도화선이 될 수 있다. 포식자에게 잡아 먹히지 않으려면, 뜨겁지도 차갑지도 않은 미지근한 온도의 대답이 필요하다.

긍정도 부정도 하지 않는, 중의적 대답

메일과 댓글로 꾸준히 들어오는 직장인들의 고민 사연이 있다. 기분에 따라 직원에게 막말을 일삼는 상사 이야기다. 이런 상사들의 공통점은 막말을 퍼부은 뒤 "다 너를 위해 그러는 거야"라고 덧붙인다는 것이다. 이렇게 자신을 합리화하며 우월감을 채우려는 막말에 지속적으로 노출되면, 건강했던 자존감에도 금이 갈 수 있다. 그러니 이런 상사의 타깃에서 벗어날 수 있는 전략을 써야 한다.

선을 넘는 충고, 평가, 조언을 습관처럼 하는 상대에게 상황을 모면하기 위해 긍정적인 대답을 하는 것은 독이 된다. 미소를 짓거나 긍정하는 단답은 우월감을 먹고 자라는 포식자의 몸집을 더 불려줄 뿐이다. 자기 말에 지지를 얻었다고 생각한 상대는 자신의 영향력을 더욱더 강화하려고 무례한 말들을 쏟아내기 마련이다. 이럴 때 필요한 건 상대의 무례한 말에 긍정도 부정도 하지 않는, 중의적 대답이다. 대표적인 말로는 "그런가요?", "그럴지도", "생각해볼게요"가 있다.

김 과장은 한 달 내내 야근에 치여 집에 가서 간신히 눈만 붙이고 출근하는 형편이다. 그런데 일은 모두 김 과장에게 맡기고 옆에서 웹 서핑을 하던 상사가 불필요한 조언을 한다.

"김 과장은 가만히 보면 은근 옷 입는 센스가 없어. 패션 잡지라도 사서 보면 어때?"
"그런가요?"
"나는 그 나이 때 코디 얼마나 신경 썼는데. 옷 입는 것도 경쟁력이야."
"그럴지도 모르겠네요."

타인의 상황을 전혀 고려하지 않고 오만한 조언을 한다면, 때와 장소를 가리지 않고 상대로부터 우월감을 느끼고 싶어 하는 포식자일 가능성이 크다. 미지근한 온도의 중의적 대답은 그가 원했던 반응이 아니다. '그럴지도'라는 말에는 '아닐지도'라는 의미도 담겨 있다. '그런가요?'라는 말 또한 동의를 하는지 안 하는지 알 수가 없다. 그렇다고 자신의 열등감을 건드릴 만한 직접적인 반대 표현도 아니니 태클을 걸기도 쉽지 않다.

"또 샀어? 벌이에 비해 씀씀이가 너무 큰 거 아냐?"

"그럴지도."

"돈 좀 아껴. 그렇게 살면 나중에 나이 들어서 힘들다?"

"생각해볼게."

가족이나 가까운 친구처럼 친밀한 사이에서도 '선을 넘는 것'을 당연하게 생각하다 못해 권리로 여기는 이들이 있다. 가까운 사이일수록 서로 다를 수 있음을 인정하고 존중하지 않는다면 결국 구성원으로서의 의무와 역할만 남는다. 일회성 잔소리가 아닌 정체성에 위협이 갈 정도의 지나친 간섭이거나 무의식중에 열등감을 보상하고자 할 때 나타나는 우월 심리가 담겨 있다면 가볍게 선을 그어야 한다. 중의적인 대답은 최소한의 방어막이자 부드러운 거절이다. 아무리 가까운 사이라고 해도 당연하게 선을 넘을 권리는 누구에게도 없다.

'개소리'엔 '냥소리'

말이 통하지 않는 사람처럼 답답하게 대응하는 것이 상책일 때도 있다. 상대를 무시하고 제압하며 우월감을 느끼는 포식자가 대화에서 더는 우월감을 느끼지 못하게 하는 방법이다. 일명 '개소리'에 '냥소리'로 화답하는 방법이다.

'개소리'를 하며 괴롭히는 포식자에게 똑같이 개소리로 응대했다가는 더 거친 개소리를 부를 수 있다. 이때는 다른 종족인 고양이의 '냥소리'로 화제를 돌리는 방법이 좋다. 상대가 유도하는 무례한 대화로 끌려가지 않도록, 의식의 흐름대로 말하면서 부정적인 대화의 맥을 끊는 것이다. 앞서 이야기한 중의적 대답으로 모호하게 반응한 뒤, 맥락이 다른 이야기를 늘어놓으면 된다.

"요즘 젊은 친구들은 우리 때보다 열정이 없어. 안 그런가?"
"그런가요? 열정 하니까 생각나는데, 저 초등학교 때 '열정'이라는 노래 정말 좋아했거든요. 최근에 가수 유승준 씨가 입국 허가해달라고 장문의 편지를 썼다는 뉴스 혹시 보셨어요?"

냥소리의 소재는 상대의 말에서 힌트를 얻을수록 좋다. 아주 작은 단서만 있어도 의식의 흐름대로 말을 이어갈 수 있다. 포식자 한정 전략적인 '투 머치 토커'가 되어 상대가 원하는 대로 대화가 흘러가지 못하게 하는 것이다. 그러다 보면 포식자가 다시 태클을 걸 수 있는데, 이때 필요한 것은 넉살과 끈기다. 넉살 좋게 웃으며 끝까지 중의적인 대답과 냥소리를 이어가 포식자가

'개소리'를 하며 괴롭히는 포식자에게
똑같이 개소리로 응대했다가는
더 거친 개소리를 부를 수 있다.

지치게 만들어야 한다. 상대의 자존감을 먹고 크는 포식자에게는
조금 이상한 사람으로 비치는 것이 장기적으로 유리하다.

일을 할 때 초반부터 이런 이미지를 잘 활용한 동료가 있었다.
통통 튀는 본인의 매력을 회사라고 해서 숨기지 않고, 내친김에
'사차원' 이미지로 더 확고하게 굳혔다. 사장님께 웃으며 하이파
이브를 건네고, 선배들에게 장난치면서 가끔 말을 놓곤 했다. 그
런데도 그 동료를 싫어하거나 괴롭히는 사람은 없었고, 오히려
다들 귀엽게 봤다. 그게 가능했던 건 다른 사람들이 적응할 때까
지 자신을 그렇게 인식시켰기 때문이다. 연차가 쌓이자 그는 민
감한 문제도 웃음 띤 얼굴로 스스럼없이 이야기하는 고수의 면
모를 보여주었다.

"회사에서 웃음이 너무 헤픈 거 아니야?"
"그럴지도요. 아참, <조커>라는 영화 보셨어요? 웃음을 못
멈추는 병이 있다는 걸 그 영화 보고 처음 알았잖아요, 글
쎄. 근데 그 영화 엔딩에 계단 내려오는 모습이 자꾸 김흥
국의 호랑나비 춤으로 보여서 혼자 피식했다니까요. 아니
나 다를까 영화 끝나고 여기저기 패러디 올라오고 합성
올라오고 난리더라고요."

글로만 봤을 뿐인데 벌써 시끄럽지 않은가? 맥락이 혼미해지

는 느낌이다. 바로 이런 혼미함을 잘 활용하면 무례한 사람의 입을 닫게 할 수 있다. 명심할 것은 개소리를 자주 하는 포식자들에게는 굳이 착하게, 순하게 대답할 필요가 없다는 점이다. 나의 본모습은 선한 사람들에게만 보여주자. 어딘지 조금 이상한 '돌아이'처럼 대답하는 것은 자존감 도둑 포식자들로부터 나를 지켜내는 기술이다. 다만 그들 탓에 내가 변하는 걸 막기 위해 '전략적 따뜻함'은 간직하는 것이 좋다. 말투나 내용에는 따뜻함이 묻어 있지만 어딘지 모르게 대화가 안 통하는 '이상함'으로 무장하는 것. 무탈한 밥벌이를 해나가는 '따뜻한 돌아이'의 지혜다.

진상을 달래는 마법의 주문

실제 자신이 느끼는 감정과 무관하게 직무를 해야 하는 '감정노동'. 이 용어가 처음 등장한 건 1983년으로, 미국의 사회학자인 앨리스 러셀 혹실드의 저서 《감정노동》에서다. 이후 2010년대 들어서야 감정노동자들이 겪는 어려움이 본격적으로 화두가 되기 시작했다. 현재 노동법에서 인정받는 감정노동자는 고객을 응대하는 판매·서비스직으로 한정되어 있지만, 일을 하는 사람이라면 누구나 크고 작은 감정노동을 겪기 마련이다. 클라이언트의 폭언에도 같이 화를 낼 수 없는 팀장부터 회식 자리에서 애써 웃으며 분위기를 띄워야 하는 팀 막내까지, 대부분 사람이 감정노동에 시달린다. 나이나 사회적 위치 등에 따른 상하 관계 또는 갑을 관계에서 지켜야 하는 도리와 의무라는 것이 암묵적으로 존재하기 때문이다.

　감정노동의 원인을 제공하는 '진상' 역시 다양한 모습으로 존재한다. 진상은 상대가 사회적으로 자신보다 '을'일 때 주로 생겨난다. 자신보다 나이가 어리거나 직급이 낮은 사람, 아니면 자신에게 재화나 서비스를 판매해야 하는 사람들에게 진상짓을 하는 것이다. 진상의 무례한 말에 맞서려면 조금 다른 호신의 언어가 필요하다. 크게 심기를 건드리지 않으면서 입장을 전할 수 있는 말, 진상을 달래는 마법의 주문을 외워보자.

마법의 주문, '아시다시피!'

　진상을 자주 만난다면 꼭 기억해야 하는 주문이 바로 '아시다시피'다. 이 단어에는 '지금부터 내가 하는 말을 당신도 알 것'이라는 인정과 존중의 의미가 담겨 있다. 특히 '갑'의 의식을 가진 사람들은 이 말에 자신도 모르게 영향을 받는다. 갑질을 하려 하는 진상들의 심리에는 타인으로부터 인정받고 싶어 하는 욕구가 숨어 있기 때문이다. 앞서 이야기한, 아들러의 '열등감으로 인한 보상 심리'와도 이어지는 개념이다. 진상 때문에 괴롭더라도 가장 먼저 해야 할 것은 역설적이게도 인정과 존중의 표현이다.

"아니, 진상들을 존중하라고요? 그런 사람들에겐 강하게
대응해야 해요!"

혹시 이렇게 생각했는가? 물론 강하게 대응하는 것도 좋다.
당신이 손해를 보건 말건 상관이 없다면 말이다. 그러나 대부분
은 부드럽게 넘어가야 하는 상황일 수밖에 없다. 일터에선 당신
이 을, 상대가 갑인 경우가 많기 때문이다.

다만, 진상에게 인정과 존중의 표현을 한다고 해서 내가 지는
것이 아니라는 사실은 명심하는 것이 좋겠다. '아시다시피'는 이
어질 나의 말에 귀 기울이게 해서 그들을 이기기 위해 전략적으
로 사용하는 주문이다. '아시다시피'로 상대를 인정한다는 표현
을 하고 나면, 나를 방어하는 말을 이어갈 수 있다.

"사은품 하나 더 주는 게 뭐 그렇게 어려워요? 이렇게 많
이 쌓여 있잖아요. 하나쯤 빼도 티도 안 날 텐데 그러시네."
"아시다시피 회사에서 나오는 물량이 정해져 있어서요. 수
량이 맞지 않으면 저희가 물어내야 합니다. 저도 마음 같
아선 더 드리고 싶은데 아쉽네요."

지금까지 상대는 몰랐거나 모르는 척했겠지만, '아시다시피'
를 들은 이상 이제는 사정을 아는 것처럼 행동하게 된다. 자신의

열등감 때문에 대화 상대를 눌러 우월감을 느끼려 했는데 자신을 인정하고 배려한다는 뉘앙스의 말에 마음이 누그러졌기 때문이다. 물론 작정하고 괴롭히려는 상황이 아니라면 말이다.

"왜 보고서를 이것밖에 못 썼어? 능력이 안 되는 거야, 아니면 의욕이 없는 거야?"
"팀장님도 잘 아시는 것처럼 지금 일정이 상당히 촉박합니다. 어젯밤까지 이어진 회의로 물리적인 시간이 부족했습니다. 의욕이 없는 것은 절대 아닙니다. 시간을 더 주시면 최선을 다해서 수정해보겠습니다."

'아시다시피'의 자매품 '잘 아시는 것처럼'도 상대를 누그러뜨리는 데 효과적이다. 과도한 업무량과 촉박한 일정 같은 물리적 한계를 무시하고 개인의 역량을 문제 삼는 팀장에게도 이 주문은 이어지는 내 말에 귀를 기울이게 하는 역할을 한다. '아시는 것처럼'으로 우선 상대를 높여주고 나면, 일단 다음 말을 듣기 때문이다. 특히 업무적으로 높은 직급에 있는 사람들은 자신이 모르는 것이 없다고 느낄수록 유능함을 인정받는다고 생각한다. 몰라도 아는 척하고 싶어 하는 그들의 처지 덕분에 '아시는 것처럼', '아시다시피'가 마법의 주문이 되는 것이다. 죄송하지 않은 일에 죄송하다고 하고 싶지 않은 상황, 부연 설명이 필요한 상황에 '아시다시피'는 내 말을 할 수 있게 해주는 유용한 주문이다.

상황을 바로잡는 '설마'

'설마'는 진상의 심기를 직접적으로 건드리지는 않지만 내가 원하는 방향으로 관점을 전환하고 싶을 때 사용하는 주문이다. 상대가 무례한 말을 의식 없이 툭 던질 때 '설마'를 붙이는 식이다. '설마 그런 뜻이었을 리는 없고, 이런 뜻으로 말했겠지'라는 해석을 통해 자신이 어떤 부분을 무례하다고 느꼈는지 상대에게 알리는 방법이다. 만약 상대의 말이 의도하지 않은 실수였다면 상황을 부드럽게 풀어갈 기회를 만들 수 있다.

"여보, 대체 오늘 온종일 뭘 한 거야?"
"설마 내가 놀았다고 생각해서 비난하는 말은 아닐 테고…. 내가 뭘 하느라 바빴는지 궁금했구나?"

진상까지는 아니라도, 부부 사이처럼 가깝고 편한 사이일수록 순간적인 감정 탓에 말이 의도와 달리 세게 나갈 수 있다. 컨디션이 안 좋아서 또는 순간적으로 감정이 격해져 말을 거칠게 했더라도 상대가 이처럼 부드럽게 바로잡으면 상황을 역전시킬 수 있다. 예시에서는 설마를 사용한 뒤, 상대의 말을 부드럽게 풀어 '비난'의 뉘앙스를 나에 대한 '관심'으로 바꾸어놓았다. 싸우려고 작정한 사람이 아니라면 자신의 말을 긍정적으로 해석해주는 상대에게 오히려 이해받았다고 느낄 수 있다.

이때 핵심은 '설마' 다음에 상대에게 불편했던 점을 말한 뒤, 나만의 긍정적인 해석을 덧붙이는 것이다. 그래야 상대의 말이 무례하거나 너무 강했다는 것을 알려주는 동시에 상황을 무례하지 않은 방향으로 풀어나갈 수 있다.

> "가만히 보면 박 팀장, 좀 뻔뻔해."
> "설마 제가 염치없다는 뜻으로 말씀하셨을 리는 없겠죠?
> 제가 좀 당당한 편이긴 합니다."

시비를 걸려고 했던 사람도 이렇게 긍정적인 해석을 들으면 투지가 사라지고 만다. 게다가 긍정적인 해석까지 더하니 오히려 자존감이 높아 보이고 여유 있어 보이는 효과까지 생긴다. 기억하자. 무례한 말을 막 던지는 사람이 원하는 건 당신이 당황하고 쩔쩔매는 모습일 것이다. '설마'를 붙인 다음 정확히 그 반대로 바꾸어놓자. 갑자기 이 방법을 쓰려면 입이 안 떨어질 수도 있으니 예전에 들었던 부정적인 말, 무례하다고 느껴졌던 발언들로 연습을 해보자.

"은근히 상체보다 하체가 발달해 있다, 너."

"설마 내 하체에 대해 평가하는 건 아니겠지? 건강해지려
면 상체 근육도 키워야 하긴 해. 그래서 요즘 상체 운동도
시작했어."

타인의 신체를 평가하는 것이 무례하다는 걸 모르는 사람들이
많다. 특히 가깝고 친밀한 사이일수록 은근히 상처가 되는 발언
들이 오가곤 한다. 이럴 때, 상대의 말이 내가 원하지 않았던 '평
가'였다는 점을 '설마'를 붙여서 부드럽게 표현할 수 있다. 앞의
예시처럼 상대의 말 중 '발달'에 포커스를 두어 근육 이야기로
확장해서 화제를 전환하는 방식이다. 이렇게 하면 이야기의 주도
권이 나에게 넘어온다. 원하지 않는 대화의 조짐이 보일 때 유용
한 표현 '설마'를 기억해두자. 설마가 사람을, 관계를, 상황을 바
로잡는다.

선을 넘는 무례한 농담
무력하게 하는 법

"농담 좀 한 걸 가지고 너무 예민하게 구는 거 아니야?"

선 넘는 발언을 해놓고 오히려 이렇게 쏘아붙이는 사람들이 간혹 있다. 상대는 예민한 사람, 자신은 솔직한 사람이라는 프레임에 가둔 뒤 안 그래도 뾰족한 말에 찔린 이를 더 몰아간다. 자신에게 엄격한 사람일수록 이런 일로 받는 상처는 더 커진다. 말에서 받은 상처로 그치지 않고, 예민함에 대한 자기 검열까지 더해지기 때문이다. 이렇게 상처를 주는 말과 사람으로부터 나를 보호하기 위해서는 사전에 두 가지 준비를 해두는 것이 좋다.

'나의 선'을 정한다

방귀 뀐 놈이 성내는 상황에서 흔들리지 않으려면 말에 대한 나만의 기준이 필요하다. 사람마다 무례하다고 느끼는 말이 다를 수 있기 때문에 '나의 선'에 대한 기준과 이유를 명확히 해두어야 그에 따라 대응할 수 있다. 시간이 지나도 깊은 상처로 남아 있는 말이 있는지 자세히 들여다보자. 타인의 어떤 말이 상처가 되는지, 왜 상처였는지 하나씩 되짚어보면 나의 기준을 명확히 할 수 있다.

"너도 예쁘긴 한데, 그 정도 급은 아니야. 알지?"

예전에 PD 일을 할 때, 난데없이 얼굴과 관련된 평가의 말을 들은 적이 있다. 아름다움에 대한 기준은 사람마다 다르기에, 그 기준을 맞추겠다고 자신을 끝없이 바꾸는 것은 그야말로 어리석은 짓이다. 더욱이 당시 나는 마이크 앞이 아니라 카메라 뒤에서 연출을 했으니 외모와 관련된 이야기를 들을 이유가 없었다. 그때는 바로 반박하지 못했지만 돌이켜 생각해보니 분명히 '나의 선'을 넘는 말이었다. 한 사람의 노력이 아닌 타고난 것, 즉 그 사람 자체에 대한 차별 또는 평가의 말은 웃고 넘길 수 있는 농담이 아니다.

'나의 선'으로 나의 페이스를 지킨다.

과거에 들었던 상처의 말을 다시 꺼내 내가 수용할 선을 명확히 하면, 내적으로 단단해져 타인의 언행에 영향을 덜 받게 된다. 일상생활에서 흔히 접하는 무례한 말은 크게 평가, 조언, 충고의 범주에 속한다. 인종·성별·출신·외모처럼 타고난 것이 소재가 되기도 하고, 직업·성적·삶의 방식처럼 내가 선택한 것이 소재가 되기도 한다. 그중 어떤 범주에서 어떤 소재의 말이 특히 상처가 되는지, 확실한 대응이 필요한 말은 무엇인지 나의 선을 뚜렷이 해두자.

"How are you?"라는 말을 들으면 우리는 자기도 모르게 "I'm fine. Thank you. And you?"라고 대답하곤 한다. 심지어 괜찮지 않은 상황에서도 괜찮다고 답해버리니, 반복 학습의 위력이 얼마나 엄청난지를 실감할 수 있다. 그런데 바로 이런 반복 학습의 원리를 활용하면 선을 넘은 말에 당황하지 않고 적절히 답할 수 있게 된다. 대답할 타이밍을 매번 놓쳐 시간이 지난 뒤 후회하는 일이 잦다면, 영어 회화를 배울 때처럼 다양한 상황에 따른 대답을 준비해두자. 선을 넘는 농담을 자주 하는 이에게 부드럽지만 강하게 대응하고 싶을 때 유용한 두 가지 전략을 소개한다.

'농담인 척' 하는 말엔 '칭찬하는 척'

농담은 재미가 없을 때 그 효력을 잃는다. 자신은 농담이었다며 상대를 예민하다고 몰아가는 이에게는, 내가 예민한 것이 아니라 그 농담이 재미가 없다는 것을 알려주어 맥을 끊어야 한다. 재미없는 농담의 맥을 끊어 그 상황에서 빠져나오는 것이다. 어떻게 하면 어른답게, 분위기를 험악하게 만들지 않으면서 재미없다는 말을 상대에게 전할 수 있을까?

토론의 기술로 자주 활용되는 초두 효과^{primacy effect}를 사용해 '농담처럼' 반전시켜보자. 초두 효과는 '첫인상 효과'와 같은 말로, 처음에 제시된 정보가 이후의 정보보다 강력한 영향을 미치는 현상을 말한다. 이를 적용해 먼저 상대에 대한 긍정적인 이야기로 말문을 연 뒤 '재미없다'라는 펀치를 날리는 것이다. 긍정의 뉘앙스가 먼저 제시되므로 이어지는 메시지에 담긴 공격성이 부각되지 않는다. 긍정의 옷을 입은 덕분에, 반격임에도 상대가 바로 알아채지 못하고 수용하게 되는 것이다.

"매니저님, 요즘 살쪘죠? 옆으로 성장기인가?"

"네? 무슨 말씀이시죠?"

"에이, 농담인데 예민하게 반응하시네."

"저는 김 팀장님 되게 재밌는 분인 줄 알았거든요. 근데

그런 말을 농담이라고 하실 줄은…. 제 눈에 지금 눈물 고
인 거 보이세요? 슬퍼서 눈물이 앞을 가리네요."

예민하다는 말에 반응하는 대신, 오히려 칭찬하듯 '재밌는 분'
이라는 긍정의 말로 시작했다. 이렇게 과거형으로 상대를 표현하
면 긴 설명 없이도 반전이 가능하다. 무례한 농담을 자주 하는 이
에게 감정을 상하는 일이 잦다면 이렇게 농담을 무력화하는 나
만의 표현법을 만들어두자. 특히 '재미없다'라는 메시지로 무력
화하면, 농담을 가장한 어떤 무례한 말에도 적용할 수 있는 만능
키가 된다. 게다가 나의 체중이나 출신 지역, 나이 등에 맞춰졌던
포커스를 상대의 유머 감각으로 돌림으로써 선 넘는 말에 감정
을 싣지 않고도 원치 않는 대화를 멈출 수 있다.

"와! 최 PD, 안경 쓰니까 아줌마 같다. 아줌마, 여기 사이
다 한 병 추가요!"
"저, 평소에 선배 유머 좋게 봤거든요. 방금 그 말씀 덕분
에 생각이 바뀌었네요!"

만약 상대가 상습적으로 무례한 농담을 한다면 긴 대화 대신
빠른 대응을 하는 방법도 좋다. 이때 표정이나 몸짓 같은 비언어
적인 표현에서도 상대와 마찬가지로 웃으며 가벼운 톤을 유지한

다면 크게 에너지를 쏟지 않고 상황을 넘길 수 있다. 농담인 척 무례한 말을 일삼는 이에게는 가볍게 대응하며 소중한 나의 시간과 에너지를 아끼자.

주변 사람을 동원한다

무례한 사람들은 주로 타인을 신경 쓰지 않는 듯 행동한다. 선넘는 말을 솔직함으로 포장하는 이들은 주변의 말에 영향을 받지 않는 것처럼 보인다. 그렇다면 그들을 최대한 무시하고 피하는 게 답일까? 다음의 실험 결과에 따르면 꼭 그렇지만은 않다.

하버드대학교의 심리학자 대니얼 길버트는 서로 모르는 대학생 41명을 대상으로 짧게 대화하는 형식의 데이트 프로그램을 짰다. 먼저 데이트 전의 여학생에게 만나게 될 남학생의 프로필을 보여주고, 남학생의 예상 데이트 점수를 매기게 했다. 이때, 바로 직전에 그 남학생과 데이트했던 여학생이 매긴 점수를 넌지시 알려주었다. 그런 다음 데이트를 하고 나서 점수를 다시 매기게 했는데, 이 점수와 사전에 매겼던 예상 점수를 비교해본 결과는 놀라웠다. 데이트 전 예상 점수와 이후의 점수는 평균 22점으로 크게 차이가 났지만, 다른 여학생이 매긴 점수와는 11점밖에 차이가 나지 않았던 것이다.

우리는 어떤 선택이 오롯이 자신의 주관에 의한 거라고 생각한다. 하지만 이 실험에서 알 수 있듯이, 우리 뇌는 무의식적으로 타인의 의견을 신경 쓰고, 타인의 판단에 영향을 받는다. 나의 선택과 말과 행동이 나만의 의지가 아니라 주변의 의견이 반영된 결과일 수 있다는 얘기다. 이는 무례한 이들 역시 자신도 모르는 사이에 주변의 영향을 받을 수 있다는 사실을 시사한다.

대니얼 길버트의 실험 중 또 하나 주목할 점이 있다. 바로 인간은 타인의 영향을 받았다는 사실을 인지하더라도 인정하고 싶어 하지 않는다는 점이다. 실험 참가자들에게 자신의 예상과 타인의 평가 중 어느 쪽이 더 적중했는지를 질문했더니, 75%가 자신의 예상이 더 정확했다고 응답한 것이다.

이 실험을 통해 무례한 이들의 말에 반기를 들고 싶을 때 사용할 한 가지 전략을 도출할 수 있다. 내가 아닌 주변, 세상의 의견을 더해 그의 농담이 무례하거나 시대에 뒤처졌다는 사실을 알려주는 방법이다. 이때는 가랑비에 옷 젖듯 가벼운 톤으로, 조금씩 꾸준히 대응하는 것이 좋다. 인간의 특성상 타인의 의견에 영향을 받으면서도 그 점을 인정하고 싶어 하지 않기 때문이다. 자신이 틀렸음을 바로 인정하지 않던 사람도 주변의 꾸준한 의견을 접하면 자신도 모르게 영향을 받게 된다.

"궁금한 게 있어. 일본인, 한국인, 중국인을 어떻게 구별해? 다 똑같이 생겼어!"

"너 다른 데서도 그런 말 하면 사람들 다 놀라. 인종차별이야, 그거. 말조심하는 게 좋을 거야."

"농담이야, 농담. 하하하."

대학생 때 해외 봉사에서 만난 한 유럽인 친구가 나에게 한 말이다. 평소 워낙 장난을 많이 치던 친구라는 점을 고려해도 그건 선을 넘는 말이었다. 예시 속 대답은 내 옆에 있던 룸메이트가 나 대신 해준 말이다. 그 순간엔 장난이라며 넘어갔지만, 룸메이트의 말은 효과가 있었다. 그 유럽인 친구가 이후 비슷한 농담은 하지 않았기 때문이다.

이렇게 주변 의견을 동원하는 전략은 시대의 흐름에 뒤처졌거나 무지가 바탕이 된 무례함을 일깨워주는 역할을 한다. 무례함에 순간적으로 기분이 상하더라도, 상대가 정말 몰라서 실수할 수 있다는 가능성을 열어두고 주변 동원하기 전략을 쓴다면 이후 같은 무례함을 겪지 않아도 된다.

"옆 팀 팀장 말이야. 애가 둘이나 있다는데 집에서 애나 볼 것이지, 뭣하러 회사 계속 다니나 몰라."

"어머 부장님, 요즘 그런 말씀 하시면 안 돼요. 사람들 다 놀라요."

시대의 흐름을 읽지 못하고 무례한 말을 하는 이들에겐 주변의 의견을 전하는 것이 무엇보다 효과적이다. 나이가 들수록 노력하지 않으면 급격하게 변하는 문화를 따라잡기가 쉽지 않다. 그런 이들에게 세상의 흐름을 알려주는 것은 소통을 단절하고 싶지 않다는 최소한의 의사 표시이기도 하다. 그것을 받아들일지 말지는 그 사람의 몫이지만.

우스운 사람이 되기 전에
우스운 상황 만들기

　의도와 무관하게 무례하다고 느껴지는 말과 달리, 작정하고 공격하는 무기와 같은 말도 있다. 사실 상습적인 언어폭력이나 갑작스러운 비난처럼 의도가 있는 뾰족한 말을 하는 사람은 피하는 게 상책이다. 그런데 퇴사를 하지 않는 이상 계속 봐야 하는 상사나 은근히 기분 상하는 말을 자꾸 던지는 동료처럼 피할 수도, 맞서 싸울 수도 없는 상대도 있다. 이때 합기도의 원리를 말에 적용하면 큰 마찰 없이 나를 수비할 수 있다.

　합기도에서는 상대의 힘에 또 다른 힘으로 맞서는 대신, 상대의 힘을 역이용해 자신을 보호한다. 힘의 흐름에 따라 자연스럽게 상대를 나에게 끌어들이는 기술을 쓰기 때문에 체구가 작거나 힘이 약하더라도 호신이 가능해지는 원리다. 합기도의 이런 방식을 말에 적용하면 사회적 체급이 높은 이가 언어적 공격을 하더라도 나를 구할 수 있다. 상대가 말로 나를 공격할 때 그 말을 피하거나 부정하지 않고, 그 말의 힘을 활용해 웃음을 유발하는 것이다. 바로, 과장법이다. 상대의 말에 과장을 실어 긍정하면 상처받지 않고 재치 있게 상황을 비껴갈 수 있다.

강한 긍정으로 과장한다

강한 부정이 긍정인 것처럼, 강한 긍정 또한 부정이 될 때가 있다. 과한 긍정으로 무례한 말을 대수롭지 않게 넘겨버리는 행위는 상대의 말에 대한 진정한 동의라고 볼 수 없다. 오히려 그 말을 전혀 염두에 두지 않는다는 의사 표시다. 말을 가볍게 넘길수록 내 삶에 미치는 영향력이 줄어든다. 강한 긍정이 결국 그 말에 담긴 메시지를 부정하는 결과를 낳는 것이다.

"말씀이 정말 느리시네요. 답답해서 1.5배속으로 돌리고 싶어요."
"제 말이 좀 느리긴 하죠. 작년에 시작한 말이 아직도 안 끝났는데 한⋯번 들⋯어⋯보⋯실⋯래⋯요?"

느려서 답답하다고 말하는 상대의 말을 긍정하며 '작년에 시작한 말이 느려서 아직도 안 끝났다'라는 과장을 추가했다. 여기에 말이 점점 더 느려지는 표현 방식까지 더함으로써 더욱 확실한 농담을 완성했다. 이렇게 상대의 태클을 농담으로 받으며 웃고 넘어가면 상황은 가벼워진다. 부정적인 말에 휘말리지 않고 대수롭지 않게 넘기면 평온한 일상을 지킬 수 있다.

"너 기억력 정말 나쁘다. 대체 그 학교는 어떻게 들어간 거야?"
"그치. 근데, 내가 어느 학교 나왔더라? 저기…, 기억이 안 나는데 누구시죠?"

과장법의 또 다른 장점은 말로 웃음을 유발하지만 내가 우스운 사람이 되는 것은 막을 수 있다는 것이다. 의도가 담긴 공격의 말을 하는 상대는 상처를 받거나 당황하는 모습을 원한다. 여기에 오히려 극적인 수긍을 통해 유머러스한 상황을 만드는 건 상대가 예상하지 못했던 반응이다. 싸움을 걸려고 작정한 이가 아닌 이상 자신의 말을 인정한 사람에게 계속 태클을 걸기는 쉽지 않다. 그러면 부정적인 대화의 맥이 자연스럽게 끊어진다. 만약 주변에 사람들이 있다면, 무례한 사람과 상반되는 유쾌하고 긍정적인 이미지까지 덤으로 얻을 수 있으니 일석이조다.

대중 앞에 서는 직업의 특성상 스타들은 외모에 대한 과도한 관심으로 고충을 겪곤 한다. 그런데 과장법을 사용해 불편한 질문에 당황하지 않는 모습으로 긍정적인 이미지를 쌓은 사례가 있다. 배우 엠마 스톤이 영화 〈버드맨〉으로 오스카 영화제 후보에 올랐을 때, 인터뷰에서 한 기자가 이런 말을 했다.

"오늘도 아름다우시네요."

그러자 엠마 스톤이 웃으며 이렇게 대답했다.

"고마워요. 중요한 건 그게 전부죠."

평소 외모보다는 유머 감각이나 성품을 더 중요하게 여긴다고 말했던 엠마 스톤의 이전 인터뷰로 미루어 보아 결국 반대의 뜻을 전하고자 한 농담이었음을 알 수 있다. 상대의 말을 긍정하지만 결국 중요한 건 그게 '전부'라고 과장함으로써 기자의 말에 담긴 문제점을 드러냈다. 작품에 대한 이야기나 연기에 대한 질문 대신 외모가 우선시되는, 외모 지상주의에 대한 자신의 의견을 재치 있게 표현한 것이다. 얼굴을 찌푸리거나 분위기를 망치지 않고도 하고 싶은 말을 전달하는 데에는 유머가 최선의 방책일 때가 많다.

상대의 무례한 말을 긍정함으로써 사과를 받아낸 사례도 있다. 루카스 게이지라는 할리우드 배우는 화상회의 플랫폼을 통해 오디션을 보게 됐다. 게이지가 화면에 잡히는 순간, 건너편에서 이런 말이 들려왔다.

"가난한 사람들은 저런 작은 아파트에 사는구나."

음소거 버튼을 누르는 것을 잊은 탓에 감독이 옆 사람과 하던 대화가 그대로 들린 것이다. 이 말을 들은 게이지는 오히려 웃으며 이렇게 대답했다.

"나도 아파트가 형편없다는 걸 알아요. 그러니 제가 더 좋은 기회를 잡을 수 있게 해주세요."

당황한 감독이 "미안하다"를 반복했고, 게이지는 이렇게 말했다.

"저는 상자 안에 살고 있는걸요. 그냥 제게 일을 준다면 괜찮아요."

집이 아닌 상자에 살고 있다는 확실한 과장으로 무례한 상황을 유쾌하게 넘긴 것이다. 무례한 말에 화를 내거나 상처를 받는 대신, 대조되는 유쾌한 대응을 하면 상대의 무례함이 부각된다. 그의 태도에 사람들은 긍정적인 댓글을 보냈다.

무례한 말에 긍정적으로 답했다고 해서 내가 지는 것은 아니다. 오히려 상대의 말을 재료 삼아 과장해 웃음을 유발하면 상황을 가볍게 만들 수 있다. 장기적으로 봤을 때 결국 내가 이기는 것이다. 과장법을 통한 유머러스한 대답은 무례한 상대를 제압하는 언어 호신술로 매우 가치가 높다.

뾰족한 말에는 '밈'으로

밈meme은 유전이 아닌 모방을 통해 습득되는 문화 요소라는 뜻으로, 인터넷에서 유행하는 디지털 콘텐츠를 말한다. 재미있는 이미지, 영상, 소리 등에 새로운 의미를 부여해 반복적으로 사용한다는 특성이 있다. 주목할 점은 그렇게 반복적으로 소비되는 과정에서 원작의 의미나 분위기가 새로 부여한 의미로 대체된다는 것이다. 이런 밈의 원리를 활용하면 무례한 말 또한 내가 원하는 방향으로 바꾸어낼 수 있다. 말을 유머로 받아 '밈'처럼 반복적으로 사용하는 것이다. 불쾌한 말을 듣고 기분 나빠하는 대신, 그 의미를 재가공해 새롭게 끌어가는 주체가 될 수 있다.

내 남동생은 헛소리를 잘한다. 아재 개그 같은 언어유희와 알 수 없는 추임새까지, 가만히 보고 있자면 웃음이 절로 나온다. 그런 동생의 주특기는 유행어 만들기다. 특히 현실을 풍자하는 유행어를 곧잘 만들어낸다. 가족들의 말실수부터 사회에서 만나는 사람들의 무례하고 공격적인 말까지 동생에겐 모두 '밈'의 좋은 소재다. 그 대상에서 나 또한 예외가 아니다. 한동안 탄수화물을 최소화하고 삶은 달걀, 자몽 위주의 식단인 '덴마크 다이어트'를 시도한 적이 있다. 다이어트 중이라 신경이 예민해져 있었던 때라 내 앞에서 피자를 먹는 동생의 모습에 더욱 약이 올랐다.

"누나 덴마크 다이어트 하는 거 안 보여? 왜 그렇게 이기적이니!"

피자를 먹던 동생은 당황한 표정으로 나를 쳐다봤다. 그러나 그것으로 끝낼 동생이 아니었다. 그 후 다이어트를 포기하고 치킨을 먹는 나를 본 동생은 가족들 들으라고 일부러 큰 소리로 말했다.

"누나 지금 덴마크 다이어트 하는 거 안 보여?"

이후 나는 신경질적이었던 말을 한 대가를 달게 받았다. 덴마크 다이어트는 우리 집에서 웃긴 '밈'처럼 시도 때도 없이 등장했다. 떡볶이나 햄버거처럼 칼로리가 높은 음식을 먹을 때면 동생은 늘 덴마크 다이어트를 외쳤다. 적어도 다이어트를 할 때만큼은 날카로운 말이 나오지 않게 조심하게 됐으니, 동생의 밈이 승리한 셈이다. 게다가 날카롭게 말했던 나의 실수가 밈을 통해 유쾌하게 꼬집히니 자연스럽게 반성이 됐다.

동생은 사회생활을 할 때도 자신을 어렵게 만드는 권위적인 사람들의 말을 집에 돌아와 밈처럼 유쾌하게 풀곤 했다. 함께 일하는 동료들 역시 동생의 유행어에 전염됐다고 하니, 어려운 상황을 함께 극복하기엔 유머만 한 것이 없음을 다시 한번 실감하게 된다. 헛소리를 자주 하는 동생의 습관은 어쩌면 부정적인 생각에 휩싸이지 않고 밝은 에너지를 유지하기 위한 발장구인지도 모른다.

무례한 말을 '밈'처럼 만들 때 몇 가지 주의할 점이 있다. 말을 듣고 즉각적으로 대응하면 오히려 놀리는 것처럼 보여 상대의 감정을 상하게 할 수 있다는 것이다. 그러므로 누군가의 말을 '밈'화할 때는 약간의 시차가 필요하다. 시간이 지나면 감정과 상황의 분리가 조금 더 수월해지기 때문이다. 감정이 누그러진 상황에서 뾰족한 말을 밈처럼 표현했을 때, 비로소 유머와 놀이로 받아들여질 수 있다. 말을 한 상대가 실수를 인정하는 데에도 시차가 필요하다. 바로 반박했다면 기분 나빠하며 자신의 잘못을 인정하지 않았을지 모르지만, 밈으로 웃으며 그의 말을 되짚는다면 은연중 실수를 깨닫게 될 확률이 높다.

또 '밈'은 상하 관계보다는 사회적으로 대등하거나 친밀한 관계에서 사용하는 것이 좋다. 어른의 말을 밉지 않게 장난스럽게 소화하려면 상당한 내공이 필요하다. 게다가 자칫하면 어른을 놀리는 것처럼 비칠 수 있으니 주의가 필요하다. 우리 남매의 사례처럼 장난을 받아들일 수 있는 상대가 적당하다. 절대적인 권력이 나의 정신건강을 위협할 때, 추후 이를 풍자하며 해학적으로 풀어내고 싶다면 비밀리에 사용하기를 추천한다.

누군가의 말에 기분 상하는 대신 웃음을 택하는 것이야말로 높은 단계의 대화 기술이다. 유머는 상황을 관망하는 여유와 너그러운 마음에서 비롯된다. 나를 괴롭힌 상대를 책망하고 미워하는 데 마음 쓰는 대신 한 인간으로서 그의 삶을 바라보면 상황을 좀 더 객관적으로 인지하게 된다. 바로 여기서 풍자와 해학이 나올 수 있다. 게다가 유머는 주변 분위기뿐 아니라 나의 사고방식도 긍정적으로 컨트롤할 수 있게 해준다.

미국의 심리학자이자 범죄 용의자의 심리분석 자문가이기도 한 폴 에크먼은 이런 말을 했다.

감정은 우리가 세상을 보는 방법과 타인의 행동을 해석하는 방법을 바꾼다.

가슴에 유쾌함을 품고 있다면, 타인의 가시 같은 말도 우습게 해석해낼 힘이 생긴다. 어차피 바뀌지 않는 타인을 미워하는 대신 그 사람을 대하는 나의 감정을 바꾸어보는 것이 어떨까? 쉽진 않지만 조금씩 시도해 나의 것이 되는 순간, 조금 더 가벼워진 세상이 보일 것이다.

독처럼 따가운 말을
약으로 만드는 3단계

내 유튜브 채널 〈희렌최널〉은 교육이라는 카테고리의 성격 덕분에 악플이 비교적 적은 편이다. 그런데 일단 악플이 달리면 수위가 꽤 높다. 영상을 제대로 보지도 않고 의미를 왜곡해 시비를 거는 댓글부터, 밑도 끝도 없는 비방과 나에 대한 저주까지. 나를 모르는 익명의 사람들이 남긴 한두 줄짜리 짧은 글일 뿐인데도, 그런 글을 보면 한동안 심장이 쿵 하고 내려앉곤 했다. 악플 한두 개가 그날 하루의 기분을 좌우했고, 익명의 그 사람을 직접 만나 도대체 왜 그러는 거냐고 따지고 싶다는 생각마저 들었다.

비수 같은 댓글에서 발견한 성장의 힌트

그런 내 생각이 바뀐 건 한 댓글 덕분이다. 1년 동안 구독자 1,000명을 간신히 모아가며 버티기를 하던 무렵, 부정적인 댓글 하나가 달렸다. 내 말이 느리고 답답해서 2배속으로 돌려도 잘 들린다는 것이었다. 비꼬는 말투와 거친 표현 때문에 기분이 상했지만, 다시 생각해보니 유튜브에서는 내 말의 속도가 느릴 수도 있겠다 싶었다. 라디오에서 프로그램을 진행했던 경험을 토대로 정확하게 전달하는 데에만 집중해왔기 때문이다. 유튜브는 분명 다른 특성을 지닌 매체다. 라디오처럼 틀어놓고 일상생활을 하는 형태로 소비되는 게 아니라, 여차하면 다른 영상을 찾아갈 태세로 시청하는 플랫폼인 것이다. 댓글의 말투는 기분이 나빴지만, 그 안에는 분명 배울 점이 있었다.

이후에는 말하는 속도를 예전보다 조금 더 높여 촬영하고, 편집할 때도 말 사이의 공백을 줄이는 데 신경 썼다. 자막을 달면 시청할 때 좀 더 집중이 되지 않을까 하는 생각도 들었다. 귀찮았지만 모든 말에 자막을 달아 음성 없이도 볼 수 있게 포맷을 바꿨다. 그 후 갑자기 한 영상이 유튜브 알고리즘의 선택을 받기 시작했다. 말 속도를 조금 높이고 공백을 줄인 뒤 자막을 달았더니 시청자가 영상을 시청하는 시간이 길어졌고, 이것이 유튜브 알고리즘상 좋은 영상의 조건에 부합한 것이다. 1년간 1,000명을 간신히 모아온 채널인데, 한 달 만에 구독자가 10만 명으로 늘었다. 영상 하나가 터지니 다른 영상들까지 연쇄적으로 조회 수가 상승하면서 지금의 규모로 성장하게 됐다.

나를 아프게 했던 댓글에 성장의 힌트가 있었다. 만약 내가 댓글 속 메시지를 무시하고 느린 말투를 고집하며 기존의 편집 방식을 유지했다면 몇십만 구독자와 만날 수 없었을 것이다. 물론 지금은 밑도 끝도 없는 비난이나 비방 같은 수위 높은 '악플'은 될 수 있으면 보지 않을 수 있는 시스템을 갖춰두었다. 가끔 달리는 콘텐츠에 대한 부정적인 피드백은 매너리즘에 빠지지 않게 하는 좋은 자극으로 수용하기도 한다.

일상에서 접하는 불편한 말은 음성으로 면전에 직접 달리는 공격적인 댓글과 다를 바 없다. 그런데 어떤 댓글은 그 안에 담긴 핵심 메시지를 잘 뽑아내면 오히려 나에게 약이 된다. 근거 없는 욕설이나 비방 같은 악플이라면 피하거나 차단하는 것이 이롭지만, 나의 일이나 능력과 관련된 불편한 말은 성장의 힌트를 품고 있기도 한다. 상대의 말을 액면 그대로 받아들여 아파하는 대신 성장통으로 삼는 연습을 해보자.

독처럼 따가운 말속에서 나에게 득이 되는 핵심 메시지를 찾는 가장 빠른 방법은 상대의 말투나 표정처럼 불쾌한 표현 방식에 주목하지 않고 내용에 집중하는 것이다. 다음 3단계를 통해 상대의 말을 재해석해보자.

1단계: 방해되는 언어 외적 요소를 차단한다

말투나 표정처럼 거친 표현 방식 탓에 그 안에 숨은 성장의 힌트가 가려지는 경우가 많다. 일단 기분이 상하기 때문에 내용이 들리지 않는다. 그러므로 핵심 내용을 듣는 데 방해가 되는 외적인 요소를 차단해야 한다. 만약 화난 듯한 상대의 표정 때문에 말이 더 까칠하게 들린다면, 그의 표정을 보지 않고 이야기를 듣는 방식으로 나만의 차단 방법을 만드는 것이다.

함께 일했던 사람 중 말투와 표정이 강한 사람이 있었다. 업무상 토론을 하다가도 기분이 상하는 일이 많았고 가끔은 언쟁으로 번지기도 했다. 조심스럽게 이에 대해 개선을 요구한 적도 있지만 그때뿐이었다. 그런데 시간이 지나서 생각해보니 그가 한 말들이 모두 불합리한 것은 아니었다. 표현 방식에는 문제가 있었지만 내가 성장할 만한 포인트가 분명 있었다. 결국 나는 그 사람을 바꾸는 대신 말을 수용하는 나의 방법을 바꾸어보기로 했다.

그 사람의 목소리가 높아질 때, 시선을 그의 눈이나 얼굴에 두지 않고 살짝 다른 곳을 보는 방법이었다. 화난 듯한 표정, 짜증스러워하는 얼굴을 보고 있으면 말의 내용보다 감정이 먼저 동요됐다. 그런데 표정이라는 언어 외적인 요소를 차단하고 나니 그 사람의 말속에 숨은 메시지가 더 잘 들어왔다. 감정을 배제하고 조금 더 객관적으로 듣게 됐기 때문이다. 그때 이후로는 그의 목소리가 커지거나 높아질 때면 얼굴에서 시선을 돌려 이야기를 듣는 방식을 택했고, 감정 소모 없이 업무적 소통을 할 수 있게 됐다.

상대의 얼굴에서 시선을 돌리는 방법을 쓸 때는 그의 말을 경청하고 있음을 몸짓으로 보여주는 것이 좋다. 시선을 다른 데 두면 자기 이야기를 듣고 있지 않다고 생각할 수 있기 때문이다. 고개를 끄덕이거나, 말을 들으면서 생각에 잠긴 듯한 표정을 짓는 것도 좋다. 상대의 말을 피하려고 건성으로 듣는 게 아니라 오히려 더 잘 듣기 위해 듣는 방식을 바꾼다는 것을 잊지 말아야 한다.

2단계: 말투를 재해석한다

비언어적인 요소가 아니라 말투와 같은 언어적 표현이 문제일 때도 있다. 그런 말속에서 성장의 키워드를 찾고 싶을 때도 껍데기를 바꾸어보는 방법이 좋다. 거칠고 공격적인 말 대신 존댓말을 써서 그가 한 말을 다시 옮겨보는 것이다.

"뭐래. 별 같잖은 내용으로 어그로 끌지 말고 제목 바꿔라."

→ "뭐라고 하시는지 모르겠어요. 제목에 끌려서 들어왔는데 내용이 생각과 다르네요. 제목을 바꾸시는 게 좋을 것 같아요."

채널 운영 초반에 달렸던 댓글이다. 말투가 공격적이라 기분은 상하지만, 다시 부드럽게 바꾸어보니 중요한 메시지가 보였다. 채널을 개선하는 데 유용한 힌트였다. 당시에는 영상을 먼저 제작한 다음 그중 가장 관심을 끌 만한 콘텐츠로 섬네일이나 제목을 설정하는 방식으로 일했다. 그러다 보니 보는 사람 입장에서는 기대했던 것과 다른 내용이라고 느낄 수도 있었다. 이후 제목과 섬네일을 영상 구성과 함께 생각하며 큰 가이드를 만들고 제작하는 방식으로 프로세스를 바꾸었더니 이런 내용의 부정적인 피드백은 사라졌다.

"이게 다야? 아이디어가 너무 후지잖아."
→ "지금 결과물이 최선인가요? 아이디어가 별로 와닿지 않네요."

거친 말을 순화하고 나니 순화 전 버전에 비해 말에 담긴 메시지를 검토하고 싶다는 마음이 든다. 한발 더 나아가, 실무자에서 관리자의 위치로 올라갔을 때 말에 더 신경 써야 하는 이유를 깨달을 수 있다. '아 다르고 어 다르다'라는 말도 있듯이, 말투 하나가 한 사람의 하루를, 조직의 성과를 크게 바꾸어놓을 수 있다. 브라질 나비의 날갯짓이 텍사스에 태풍을 몰고 온다는 나비 효과처럼, 오늘 내가 사용한 말투가 어떤 결과를 가져올지 한 번쯤 상상해보는 건 어떨까.

기억에 남는 부정적인 지적이나 피드백이 있는가? 한번 떠올려보자. 그리고 그 말을 존댓말로 바꿔보자. 메시지가 이전과는 다른 느낌으로 다가온다는 걸 실감할 수 있을 것이다.

3단계: 노력으로 바꿀 수 있는 것인지 검토해본다

부정적인 메시지가 모두 성장의 거름이 되는 건 아니다. 무조건적인 비방이나 근거 없는 비판을 하는 '악플'도 있기 때문이다. 게다가 지극히 주관적인 타인의 피드백을 모두 수용하다 보면 나 자신의 색깔, 개성이 사라질 수도 있다. 따라서 상대의 말 중 거름이 될 만한 메시지가 있는지 검토하는 과정이 필요하다.

어떤 메시지를 수용할지 검토하기에 앞서, 상대의 말이 내가 바꿀 수 있는 부분에 대한 비판인지 확인해봐야 한다. 외모, 성별, 지능, 집안 환경처럼 타고나야 하는 것들은 내가 바꿀 수 있는 부분이 아니다. 즉 노력으로 바꿀 수 없는 것, 존재 자체에 대한 공격적인 말은 '악플'로 간주한다. 존댓말로 바꾸고 표현을 순화한다고 해도 내 성장에 밑거름이 될 만한 메시지를 얻어낼 수 없다. 이럴 때는 악플러가 가장 싫어하는 무반응, 즉 '차단'을 하거나 앞서 제시한 방법 중 자신에게 맞는 방법으로 대처하는 것이 좋다.

그다음엔 상대의 날카로운 메시지가 조금 부드러워질 때까지 숙성의 시간을 가져본다. 사람은 누구나 자신에 대한 비판을 달가워하지 않는다. 그러므로 기분 나쁜 말을 들은 직후 감정적인 상태에서 상대의 말에 대한 수용 여부를 판단하기보다는 조금 더 시간을 두고 생각해보는 것이 현명하다. 더 좋은 컨디션으로 새로운 아침을 맞이한 후 그 말에 담긴 의미를 다시 살펴보면 조금 더 객관적인 검토가 가능해진다. 그중 평소 내가 불확실하게 생각했던 것들이나 아직 계발 중인 분야가 있을 것이다. 이에 대한 피드백 중 받아들일 만한 것이 있는지 최종적으로 판단하면 된다.

> "그렇게 맨날 집에만 있으니까 연애를 못 하지. 나가서 사람도 좀 만나고 그래."

● 수용하지 않는 것: 연애를 못 하는 것이 아니라 필요성을 느끼지 않는 것. 다양한 삶의 형태가 있는데 그걸 존중하지 않는 상대의 말은 수용하지 않는다.

● 수용할 것: 사람을 만나지 않는 생활을 너무 오래 하긴
했다. 다양한 사람과 교류하면서 활력을 얻고 세계를 확
장하는 것은 나의 성장에 이롭다.

한마디 안에서도 수용할 것과 수용하지 않아도 되는 말이 있
다. 상대의 말속 핵심 메시지를 찾아 부드럽게 해석했다면, 이후
엔 나의 신념과 생활 패턴에 맞는 좋은 약을 골라 섭취해야 한다.
물벼룩은 녹조를 먹어 치워 녹조 현상을 해결해주는 갑각류
다. 물벼룩이 독성 물질을 제거하는 방법은 우리에게 시사하는
바가 크다. 바로 녹조 속 치명적인 박테리아의 독을 섭취해 체내
곰팡이를 제거하는 약으로 사용하는 것이다. 인간을 포함한 동물
과 곤충에게 치명적인 독성이 유독 물벼룩에게는 개체수를 증가
시키는 약이 된다는 얘기다.
나는 우리 역시 자신을 녹슬게 하는 곰팡이를 타인의 아픈 말
을 통해 제거할 수 있다고 생각한다. 나태나 자만처럼 성장에 방
해가 되는 본능이 곰팡이처럼 피어날 무렵, 타인의 말에 담긴 독
을 나의 부족한 단점을 보완하고 성장하게 하는 약으로 활용해
보는 것이다. 물론 쉽지만은 않다. 몸에 좋은 약은 입에 쓴 법이
니 말이다. 하지만 그 쓴 약을 꾹 참고 마시면서 이루어낸 성장은
몇 배의 달콤함을 가져다주리라 믿는다.

차단할 수도, 피할 수도 없는
오프라인의 악플러를 만났을 때

차단할 수도, 피할 수도 없는 악플이 있다. 바로 오프라인에서 만나는, 거칠고 상처 주는 말이다. 이런 말에 지속적으로 노출되면 부정적인 생각에 지배당하기 쉽다. 상대가 직장 동료나 가족처럼 같은 생활권에 속하는 사람이라면 더 치명적이다. 환하게 웃는 사람을 보다 보면 나도 모르게 미소가 지어지듯이 타인의 마음속 지옥, 부정적인 기운 역시 쉽게 전염된다.

때로는 객관적인 사실이 부정적인 감정을 떼어내는 데 효과적이다. 부정적인 말에 동요되어 한없이 가라앉거나, 불필요한 자기 검열로 자책하게 될 때 다음의 사실들을 떠올려보자. 나만의 기준과 대응법을 만드는 데 출발점이 될 수 있다.

무례함은 똑똑한 것과 상관없다

상습적인 무례한 말로 타인에게 상처를 주면서 자신을 '솔직한 사람'으로 포장하는 이들이 있다. 눈살이 찌푸려지는 농담을 자주 하고, 누군가에게 상처를 준 자신의 말과 행동에 대한 성찰이 없는 이들. 온라인상 다양한 악플러의 행태에서도 나타나듯, 이들은 자신이 냉철하고 똑똑하며 타인을 판단하는 말을 할 자격이 있다는 확신에 차 있다. 일명 '유체 이탈 화법'을 사용하며 자신은 모든 문제와 무관하다고, 나아가 초월했다고 생각한다. 이런 사람들은 우리 주변에도 흔하지만 정치가들 중에도 있으며, TV 예능 프로그램에서도 쉽게 접할 수 있다. 그러나 안타깝게도 그들은 자신의 생각과 달리 냉철함, 똑똑함과는 거리가 멀다는 연구 결과가 있다.

코넬대학교 사회심리학과 데이비드 더닝 교수는 사람이 자신의 능력을 얼마나 착각하며 살아가는지에 관한 실험을 했다. 먼저 대학생 65명에게 30개의 농담을 읽게 한 후 어느 정도 재밌는지 점수를 매기게 했다. 다음으로 자신의 유머 이해도가 또래보다 얼마나 높은지를 스스로 평가하게 했다. 두 데이터를 분석한 결과, 놀라운 사실이 밝혀졌다. 유머를 이해하고 즐기는 능력이 낮은 사람일수록 자신의 유머 감각을 높게 평가하고, 유머를 이해하고 즐기는 능력이 높은 사람일수록 자신의 유머 감각을 낮게 평가한 것이다. 즉 하위 25%의 점수를 받은 사람은 자신을 상위 40%에 속한다고 봤고, 상위 25%에 속하는 사람은 자신을 상위 30% 이하 수준이라고 여겼다.

사람은 자신의 능력을 착각하며 살아가는 경향이 있다. '벼는 익을수록 고개를 숙인다'라는 속담도 있듯이, 배움과 경험이 많아질수록 더 겸손해지고 자신의 능력을 낮추어 본다. 반대로 배움과 경험이 적은 사람은 무엇을 모르는지조차 모르기 때문에 고개가 빳빳하다. 인지 능력이 낮으니 자신의 능력을 정확하게 판단하기 어렵고, 칼과 같은 말을 내뱉으면서도 자신은 객관적이고 논리적이라고 생각한다.

타인의 감정을 이해하지 못하고 상처 주는 말을 습관적으로 하는 사람은 인지 능력뿐 아니라 감정적 지능지수인 EQ^{Emotional} ^{Quotient}도 낮다. EQ는 자신의 감정을 적절히 조절해 원만한 관계를 구축하는 마음의 지능지수이기 때문이다. EQ에는 타인의 감정에 공감하는 능력뿐 아니라 타인과 협력하는 사회적 능력 등도 포함되어 있다. EQ라는 개념을 처음 제시한 심리학 저술가 대니얼 골먼은 이를 '정서 면에서의 지성'이라 칭했다.

무례하고 공격적인 말을 거침없이 하는 사람들은 타인의 상처나 원만한 관계에 대한 공감 능력이 부족하다. 정서 면에서의 지성인 EQ가 낮기 때문에 타인의 감정을 읽지 못하고 머릿속에 떠오르는 대로, 입에서 나오는 대로 내뱉는다. 폭력적인 말로 상처

를 받았다면 기억하자. 그가 지적으로 상당히 부족한 사람이라는
점을.

영혼을 공격하는 언어폭력은 용납되지 않는다

언어폭력은 눈에 보이지 않는 가장 강력한 폭력이다. '말에 베
인 상처는 칼에 베인 상처보다 깊다'라는 말이 있을 만큼 사람은
말 한마디 때문에 평생 트라우마를 겪기도 한다. 그런데도 언어
적 폭력은 신체적 폭력에 비해 영향력이 과소평가되곤 한다. 마
음의 병은 겉으로 드러나지 않기 때문이다. 특히 심리, 상황을 조
작해 타인에 대한 지배력을 강화하는 가스라이팅gaslighting의 피해
자는 가해자에게 대응하는 대신 자신을 검열하게 된다. 지속적으
로 무례한 말에 노출되어 어느 순간 중심을 잃은 것 같다면, 언어
폭력에 대한 다음의 기준이 도움이 될 것이다.

차별, 적의 또는 폭력의 선동이 될 민족적, 인종적 또
는 종교적 증오의 고취는 법률에 의하여 금지된다.

1966년, 국제 자유권 규약 제20조 제2항에 명시된 내용이다.
이후 최근까지도 차별과 증오를 선동하는 혐오 표현의 규제에

대한 국제적인 합의가 이루어지고 있다. 특히 홀로코스트라는 어두운 과거를 지닌 유럽은 이런 혐오 표현을 금지하는 법을 제정했다. 행동이 아닌 표현, 말 자체만으로도 형사 처벌을 할 수 있게 한 것이다. 나치의 유대인 대학살이라는 끔찍한 만행이 반복되지 않도록 표현의 자유보다는 규제를 통한 인권 보호가 우선됐다고 볼 수 있다. 또한 유엔과 유럽의 각종 기구는 여성, 장애인, 아이들, 성 소수자에 대한 증오나 차별을 낳을 수 있는 혐오 표현, 증오 범죄에 대한 조치를 권고하기도 했다.

2013년 남양유업 대리점 갑질 사건을 시작으로, 언어폭력에 대한 규제가 전무했던 우리나라에도 변화의 물결이 일기 시작했다. 그동안 곪아왔던 근로자에 대한 고용주의 온갖 '갑질'이 수면 위로 떠올랐고, 갑질에 대한 국민적 공분은 점점 커졌다. 대중의 사랑을 받는 톱스타 역시 예외일 수 없었다. 음성 파일처럼 갑질의 증거가 있는 경우 오랫동안 쌓아온 이미지가 한순간에 무너지기도 했다.

경제활동을 하는 이상 우리 모두는 누군가에게 '을'이다. 즉 갑질이나 폭언을 피해 가기가 쉽지 않다. 직장 근로자의 73.7%가 괴롭힘에 시달렸다는 2017년 국가인권위원회의 조사 결과 역시 이를 뒷받침한다. 결국 2019년, 직장의 지위 또는 관계상의 우위를 이용해 다른 근로자에게 신체적, 정신적 고통을 주는 행위를 금하는 '직장 내 괴롭힘 금지법'이 시행됐다.

폭력적 표현에 대한 우리나라의 조치는 다른 국가들에 비하면 아직 시작 단계라고 볼 수 있다. 하지만 근로자뿐 아니라 회사 밖의 노동자들을 보호할 추가 조항의 필요성이 꾸준히 대두되고 있으며, 폭력적인 표현이나 정신적인 괴롭힘에 대한 제지의 목소리는 앞으로 더욱 높아질 것이다. 일상에서 마주하는 크고 작은 언어폭력 역시 마찬가지다. 부당한 폭력을 용인하지 않는 사회적인 합의는 개인과 기업 그리고 세상을 조금씩 바꾸어나갈 것이다.

2
나를 위한 최소한의 말

내가 하는 말이 곧 내가 된다.

습관적으로 자책의 말을 하고

스스로에게 비난을 쏟아부었다면

이젠 자존감을 높이고 누구보다 나에게 먼저

다정하고 친절한 말을 건네보자.

쓸수록 자존감이 높아지는 말투

　습관은 정신을 지배한다. 그중 가장 강력히 배어 있는 습관은 우리가 매일 사용하는 '말'이다. 습관적으로 나오는 말은 그 사람의 내면을 드러내는 마음의 얼굴과도 같기 때문에 누군가의 말실수, 폭탄 발언은 큰 화제가 된다. 사회생활을 오래 할수록, 사람 만나는 일을 많이 할수록 표현이나 말투에 신경 쓰게 되는 이유도 여기에 있다. 말을 어떻게 하느냐에 따라 관계의 접시가 더욱 단단해지기도 하고, 한순간에 깨져버리기도 한다. 원만한 관계를 지속하기 위해서라도 타인을 향한 말에는 알게 모르게 신경을 쓰게 된다.

　그렇다면 나 자신에게 하는 말은 어떨까. 타인에게는 따뜻한 격려의 말을 건네려 노력하면서 정작 자신에게는 그렇지 못한 순간들이 많지 않은가? 무한대로 미션이 제공되는 게임처럼 입시와 취업, 승진 등 끊임없이 새롭게 생성되는 무한 경쟁 속 목표들을 마주하다 보면 은연중 나에게 가혹한 말을 하게 되기도 한다. 이유는 다양하다. 마음을 챙길 여유가 부족해서, 당장의 목표가 더 중요해서, 스스로 기대에 미치지 못해서 등. 그런데 자신에게 '내가 그렇지 뭐', '왜 이렇게 한심하니' 같은 말을 무심결에 자주 던지다 보면 더욱 작아지고 흔들리는 나를 마주하게 된다.

자존감이 높은 척 말한다

내 언어의 한계가 내 세계의 한계다.

언어 철학자 비트겐슈타인의 명언이다. 부정적인 사건이 일어났을 때 나를 한정 짓고 부정하는 언어를 사용하면, 결국 나의 세계는 더욱 좁아질 수밖에 없다. 매일 사용하는 말, 스스로 한계를 만드는 말이 아니라 나를 향한 말로 바꾸어보자. 생각이 말이 되기도 하지만, 거꾸로 언어를 바꾸려고 노력하는 과정에서 생각이 바뀌기도 한다. 잘 보이고 싶은 타인에게 말하듯, 나에게도 다정하고 친절하게 말을 걸어보는 것이다. 비록 부정적인 생각이 들었더라도 나에게 하는 말이나 생각을 타인에게 하듯 필터를 거처 순화해보는 방법이다. 그래야 하는 이유를 우리 뇌의 특성에서도 찾을 수 있다.

세계적인 신경과학자이자 우울증 전문가 앨릭스 코브의 저서《우울할 땐 뇌 과학》을 보면 애석하게도 우리 뇌는 감정을 처리하는 방식 때문에 부정적인 사건에 더욱 강렬하게 반응한다고 한다. 부정적인 사건을 겪으면 불안감을 담당하는 편도체와 해마가 감정적인 반응을 보인다. 뇌의 전전두피질은 부정적 사건이 자신과 강하게 연결되어 있다고 여겨지는 자극을 처리하는 활동인 '자기 참조 활동'을 유발한다. 뇌의 이런 활동 탓에 부정적인 사건에 더욱 깊은 자극을 받게 되는 것이다. 앨릭스 코브는 이를 극복하려면 부정성에 대한 긍정성의 비율이 훨씬 더 높아야 한다고 말했다. 그 비율은 3:1 정도로, 부정적인 사건 하나를 접했다면 긍정적인 사건이 3개 정도는 있어야 덮인다는 것이다. 누군가가 나에게 1개의 악플을 달았다면 자신에게 적어도 3개 이상의 격려의 말, 긍정적인 선플을 달아줘야 한다는 뜻이다.

나에게 선플을 달 때, 나를 아끼고 사랑하는 마음인 자존감이 높은 척 말해볼 것을 추천한다. 스스로 자아 존중감이 높지 않다고 느껴질지라도, 내가 아는 사람 중 가장 자존감이 높아 보이는 사람처럼 나에게 말을 걸어보는 것이다. 있는 그대로의 나를 받아들이며, 비록 마음이 편하진 않지만 자책을 하는 대신 다음을 기약하는 격려의 말을 해보자. 지금 떠오르는 부정적인 생각을

악담을 들었다면, 스스로를 다독이며 격려의 말을 해준다.

멈추고 이를 긍정적인 상황으로 대체하는 연습이 필요하다. 마땅히 대체할 표현이 생각나지 않는다면 다음의 두 가지 표현으로 발상을 전환해보는 것도 좋다.

'배움'과 '성장'의 단어를 의식적으로 쓴다

부정적인 사건, 어려운 순간은 마주하는 사람의 태도에 따라 크게 두 가지 결과를 낳는다. 부정적인 경험을 통해 배우고 성장하거나, 좌절하고 포기해버리거나. 여기서 전자를 택하는 마음으로 나에게 말을 걸어보자. 어렵고 힘든 순간일수록 자신에게 긍정적이고 낙관적인 말을 해주는 것이다. 주눅 드는 순간, 좌절의 순간 '성장'과 '배움'이라는 키워드를 의식적으로 되뇌며 이를 말로 표현해보자.

"또 덜렁대는 거야? 하긴, 내가 그렇지 뭐."
➡️ "다음엔 더 꼼꼼히 해보자. 이렇게 또 배우네."

"망했어. 난 대체 왜 이럴까."
➡️ "이 일 덕분에 조금 더 성장하겠군. 더 큰 사람이 되는 계기로 삼자."

타인과의 대화에서도 마찬가지다. 업무 실수처럼 사과를 해야 하는 상황에서도 지나친 자책, 부정적인 말로 자신을 또 한 번 해치는 말을 해서는 안 된다. 실수 때문에 이미 상처받고 아파하고 있는데 2차 가해를 하면 극복하기가 더 어렵기 때문이다.

실수를 확대 해석하면서 자신을 과잉일반화overgeneralization하는 말도 금물이다. 과잉일반화란 한두 번의 경험과 사건에 근거해 결론을 짓고, 무관한 상황에서도 이를 적용하는 오류를 말한다. 극단적인 과잉일반화의 말은 일시적인 자책을 통해 근본적인 문제를 회피하려 한다는 인상을 줄 수 있다. 먼저 실수를 깔끔하게 인정하고 사과한다. 그런 다음 같은 실수를 반복하지 않기 위한 대책을 내놓는 것으로 표현을 대체하는 것이 좀 더 프로다운 소통 방식이다.

"다 제가 부족한 탓입니다. 저도 이런 제 모습이 답답하네요."

→ "제대로 확인하지 못해 실수를 했습니다. 죄송합니다. 다음부터는 한 번 더 확인해서 같은 실수를 반복하지 않겠습니다."

"아무래도 저는 사회성이 좀 떨어지는 것 같습니다. 앞으로 어떻게 회사 생활을 지속할 수 있을지 막막합니다."

→ "부족한 부분을 더 배워 발전할 수 있도록 노력하겠습니다."

정신과 의사들과 심리학자들은 삶의 행복도를 높이고 건강하게 살아가려면 자존감이 높아야 한다고 입을 모아 말한다. 그런데 이를 접한 우리는 자신을 향해 또 한 번 평가의 잣대를 들이댄다. 타인에 비해 나는 자존감이 높지 않은 것 같다고 말이다. 그런데 자존감이 항상 높은 상태로 살기란 쉬운 일이 아니다. 사회를 이루고 살아가는 존재인 인간은 끊임없이 비교하고 비교당할 수밖에 없기 때문이다. 평소 자존감이 높은 편이라도 크게 좌절하는 사건을 겪고 나면 자존감이 낮아질 수도 있다. 자존감이 항상 높아 보이는 누군가 역시 무수한 좌절의 순간을 거쳐 자존감을 회복한 상태일지도 모른다. 그렇다면 나도 할 수 있다. 부정적인 사건으로 자존감이 낮아졌더라도 나를 다독이고 다시 일으켜 세우면 된다.

돌이켜보면, 재수 후 원하던 학교에 입학했을 때와 1년간 서류 탈락의 고배를 마시고 취업을 했을 때처럼 굵직한 성취의 순간들에 나는 내 편이었다. 나에게 차가운 말을 내뱉으며 자책하고 채찍질했을 때보다, 나를 다독였을 때 결과가 더 좋았다. 처음에는 엄격한 말로 나를 자극하려 했었다. 그러나 몇 번의 실패를 거치고 나니 해탈의 심정으로 나를 다독이는 쪽을 선택했고, 그럴 때 결과가 더 긍정적이었다. 일을 시작한 후에도 마찬가지였다. 기분 좋게 만든 콘텐츠, 자신감을 가지고 진행한 프로젝트일수록 좋은 성과를 안겨주는 경우가 많았다.

- "사람이 완벽할 순 없지."
- "다음에 잘하면 되지."
- "또다시 실수 안 하면 되지."
- "그 덕에 배우게 됐네."
- "성장의 기회로 삼자."

부정적인 생각이 나를 괴롭힐 때, 위의 표현을 되뇌어보자. 뇌는 실수를 확대 해석해 자극을 준다는 특성이 있음을 알게 됐으니, 부정적인 표현이나 자책은 버리자. 그 대신 세 번의 긍정적인 표현, 격려의 표현을 해줌으로써 부정과 긍정의 균형을 맞추자. 처음부터 완벽한 사람은 없다. 다시 하면 되고, 다음에 더 잘하면 된다. 그렇게 멈추지 않고 앞으로 나아가는 것이 중요하다.

나에게 너그러워지는 말하기

    20대의 나는 자신을 판단하는 데 유독 엄격했다. 자기 분야에서 두각을 나타내는 또래의 이야기를 미디어에서 접하며 나도 하루빨리 내게 맞는 일을 찾아 프로가 되고 싶었다. 그러다 보니 애초에 가능성의 문을 닫아버린 영역도 있었다. 그중 하나가 말을 하는 일이었는데, 말은 타고난 영역이라고 생각했기 때문이다.

    그런데 사회에 나와 다양한 경험을 하고 나이를 조금씩 먹을수록 나의 가능성을 너무 일찍 제한했다는 생각이 들었다. 어느 정도의 훈련 기간을 거쳐 제법 정돈된 말하기가 가능해진 이후부터는 20대 때 고려한 적 없던 말하는 일이 조금씩 재미있어졌기 때문이다. 20대의 내가 조금 더 가능성을 열어두었다면 어땠을까. 돌이켜보면 아쉬움이 남는다.

그릇된 가정이나 잘못된 개념화를 끌어내는 인지왜곡은 20대의 나처럼, 자기 자신을 판단할 때 더 쉽게 나타난다. 특히 앞서 다룬 과잉일반화는 나의 가능성을 사전에 차단해버리는 판단으로 이어진다. '나는 역시 재능이 없어'처럼 말이다. 어쩌면 습관적으로 나를 탓하는 건 경제성 때문이 아닐까 하는 생각도 든다. 타인을 탓하는 것보다 자신에게 화살을 돌리는 것이 더 간편하고 쉬우니까. 원망하는 외부의 목소리와 토론을 하거나 반론을 하거나 싸울 필요 없이 나만 상처받고 끝나면 되니까.

'판단' 대신 '파악'하는 말을

나를 판단하고 탓하는 부정적인 언어 습관은 성장에 도움이 되기는커녕 상처를 주는 경우가 많다. 이를 개선하려면 평소 사용하는 말부터 바꾸어야 한다. 먼저 나를 '판단'하는 말을 '파악'하는 말로 대체해 표현해보는 방법이 있다. 무의식적인 자책이 잦은 편이라면 다음의 표현 중 마음에 드는 것을 몇 가지 골라 입에 붙여보자. 자신을 향한 판단의 소리가 새어 나올 때, 다음의 표현을 소리 내 말하면 부정적인 판단이 이어지는 것을 막을 수 있다.

- "그럴 수 있지."
- "그렇군."
- "그랬구나."   .
- "맞네."

'나는 끈기가 부족해', '왜 이렇게 자기 관리를 못 하는 걸까', '난 의지박약이야' 등 순간적으로 자신을 판단하는 말이 나오려 할 때 '그렇군', '그럴 수도 있지'와 같은 말로 판단을 보류하는 것이다. 이후 같은 실수를 반복하지 않고 문제를 해결하기 위해 '하면 되지', '다음엔 잘하자', '시스템을 만들면 되지' 등의 말을 이어보자.

'아, 배 속에 거지가 들었나. 밥 먹은 지 얼마 되지도 않았
는데 출출하네.'
⟶ "배가 고프군. 뭐 좀 먹으면 되지."

'손가락에 살쪘나. 오타가 왜 이리 많아.'
⟶ "오타가 많군. 수정하면 되지."

'난 말하는 데 소질이 없어. 포기야.'
⟶ "말도 연습하면 되지. 나만의 연습법을 만들자."

'아무래도 사회성이 떨어지는 것 같아. 회사를 그만둬야 하나…'

→ '실수할 때도 있지. 다음엔 좀 더 생각한 뒤에 말을 시작해보자.'

이렇게 바꿔 말하면 자기 합리화로 끝나지 않고 나를 다독이면서 발전적으로 나아갈 수 있다. 성장에 중요한 것은 자책을 하는 데 시간을 허비하고 섣부른 판단으로 가능성을 차단하는 대신 같은 실수를 반복하지 않는 것, 계획과 대책을 세워 더 나아지는 것이다.

'비난' 대신 '칭찬'을

앞에서 뇌의 특성에 대해 얘기했듯이, 우리 뇌는 부정적인 기억을 강렬하게 간직하면서 열 번 잘했더라도 한 번의 실수에 크게 좌절하곤 한다. 어쩌다 한 번 벌어진 실수인데도 지나치게 자책하면서 스스로 상처를 주는 것이다.

이렇게 실수나 실패로 인한 좌절의 늪에서 허우적대지 않고 빠르게 벗어나는 방법이 있다. 실패의 순간, 역으로 자신에게 칭찬을 하는 것이다. 그동안 잘해온 것이 무엇인지 얼른 떠오르지 않는다면, 오늘 한 일 중 가장 잘한 것 하나를 칭찬해보자. 거창한 일이 아니어도 좋다. 운동, 요리, 공부, 출근처럼 성실하게 꾸준히 해온 좋은 습관들이 있을 것이다. 반복되는 일과라 당연하게 여기기 쉬운데 이런 습관들에 대한 칭찬으로, 자신을 비난하고 상처 주는 말을 대체해보자.

- "오늘도 무사히 출근과 퇴근을 해냈다!"
- "이번 달엔 운동을 꾸준히 했네. 기특하다."
- "아침에 급하게 나왔는데도 코디 멋진 거 보소. 내가 이렇게 센스가 있다니까!"
- "뭐야, 이 문제를 이렇게 한 번에 풀다니 천재인가 봐."
- "어쩜 이렇게 밥을 복스럽게 먹지? 정말 사랑스럽네."

예시처럼 스스로 어이가 없어 피식 웃음이 날 정도로 칭찬 세례를 퍼부어보자. 부정적인 비난의 말이 떠오를 겨를이 없도록 말이다. 칭찬을 하기 위해 최근 일을 떠올리고 되짚어보는 과정에서 생각보다 내가 많은 일을 해냈다는 사실도 알게 된다. 일상이 되어 당연해진 일들을 새삼 꺼내 칭찬해주는 것은 계속 노력할 수 있게끔 해주는 내면의 원동력이 된다. 특히 다음처럼 구체적으로 칭찬할 때 효과가 커진다. '행동-성과-칭찬'의 단계를 거치는 방법이다.

오늘도 일찍 일어나서 운동을 하고 왔네.(행동)
점점 체력이 좋아지는 게 느껴져.(성과)
기특해. 이렇게 꾸준히 해서 몸만큼은 내가 컨트롤하자!(칭찬)

이번 주는 유독 바빴는데도 모든 일을 무사히 마쳤어!(행동)
프로젝트 3개와 딜 1개를 따내다니.(성과)
나 엄청 유능한 사람이잖아.(칭찬)

나에게 맛있는 식사를 대접했네.(행동)
찌개도 끓이고, 나물도 무치고 말이야.(성과)
역시 나는 나를 사랑하는 사람이야. 멋져.(칭찬)

아직 나를 향한 칭찬의 말이 머쓱하다고 느껴지는 당신의 마음을 움직일 흥미로운 실험이 있다. 사용하는 단어와 말을 하는 방식이 감정에 미치는 영향에 대한 연구다.

미국의 임상심리학자 에밋 벨텐은 두 그룹을 대상으로 각각 다른 문장들이 적힌 카드 60개가 담긴 꾸러미를 전달했다. 첫 번째 그룹은 우주나 교통 상황처럼 감정과 무관한 문장들이 담긴 꾸러미를 받았고, 두 번째 그룹은 감정과 관련된 문장, 특히 점점 긍정적으로 변해가는 감정에 대해 적힌 꾸러미를 받았다. 이를테면 '그저 그런 하루였다'에서 '그래도 오늘은 기분이 좋다'로 바꿔는 식이다. 각 그룹은 자신들이 받은 문장들을 큰 소리로 읽어 나갔다. 벨텐은 피실험자들에게 카드를 모두 읽고 난 뒤 각자의 행복감을 스스로 평가하게 했다. 그런데 주목할 만한 결과가 나타났다. 첫 번째 그룹은 아무런 감정의 변화가 없는 반면, 두 번째 그룹은 행복감이 높아졌다고 답한 것이다.

주어진 문장을 읽기만 해도 기분이 바뀌는 것처럼, 긍정적인 언어는 사람의 감정 상태를 바꾸어놓는다. 특히 칭찬이 그렇다. 나를 향해 긍정의 언어, 칭찬의 말을 건네다 보면 어느새 기분이 좋아져 있을 것이다. 지금부터 30초 동안 눈을 감고 내가 최근에 한 행동 중 칭찬할 거리를 찾아보자. 그리고 가장 좋아하는 사람에게 말해주듯 소리 내어 그 성과를 칭찬해보자. 의외로 자신이 칭찬할 만한 구석이 아주 많은, 사랑받아 마땅한 존재임을 알게 될 것이다.

삼킬수록 좋은 말

누군가의 부정적인 말에 마음이 아닌 몸이 반응한 일이 있다. 초등학교 4학년 때 1박 2일로 떠난 캠프에서 겪은 일로, 그런 일은 처음이었다. 같은 반 친구가 생각 없이 던진 말과 행동에 온종일 신경을 쓰다 결국 원인 모를 복통으로 배를 끌어안고 밤새 진땀을 흘렸다. 신경성 위염이었다. 다른 친구들은 밖에서 신나게 노는데, 텐트 안에서 혼자 아픔과 싸워야 했던 그 장면은 지금도 눈에 보이듯 생생하다. 이후에도 신경성 위염은 잊을 만하면 한 번씩 나를 찾아왔고, 나는 내가 섬세하고 민감한 사람이라는 걸 인정하게 됐다.

언제부터인가 스트레스가 몸으로 반응하는 일을 줄이기 위해 예방 차원에서 '저 사람은 왜 저렇게 말할까?', '내 마음은 갑자기 왜 이런 걸까?' 같은 생각을 먼저 하게 됐다. 사람을 미워하는 대신 심리를 알아내고 이해하는 데 집중하다 보면 마음이 한결 편해졌기 때문이다. 말과 행동에 대한 나만의 신념을 차곡차곡 쌓다 보니 어느 순간 나와 비슷한 어려움을 겪는 사람들에게도 공유하고 싶어졌다. 그렇게 내 유튜브 채널에서 1순위로 힘주어 전했던, 말과 관련된 나의 신념을 소개한다.

콤플렉스는 절대 말하지 마라

가장 가까운 사람에게도 내가 절대 하지 않는 말이 하나 있다. 스스로 생각하는 단점과 콤플렉스다. 특히 신체 부위처럼 노력 여부와 관계없이 타고난 것, 고치기 어려운 고질적인 문제 등은 절대 먼저 말하지 않는다. 타인이 먼저 지적하지 않는 이상 말이다. 단점을 포함해 있는 그대로의 나 자신을 사랑하려는 노력이 타인에게 말하는 순간 위기를 맞을 수 있기 때문이다. 불필요한 말로 흔들릴 계기를 제공할 필요는 없다.

"내 이마 너무 넓지 않아?"

이 말을 입 밖으로 꺼낸 후, 초등학교를 졸업할 때까지 내 별

명은 '번쩍'이 됐다. 이마에서 광이 난다는 뜻이다. 물론 무슨 말을 해도 다 별명을 만드는 시절이긴 하지만, 유독 그 별명만은 오래 남아 한동안 나를 상징하는 단어가 됐다. 그 일로 깨달았다. 내가 말을 하면 친구들이 그 단점을 알아채고 놀리기 시작한다는 것을. 내가 말하기 전엔 누구도 내 이마에 대해 얘기한 적이 없었다.

사람들은 생각보다 타인에게 관심이 별로 없다. TV에 자주 출연하는 방송인이 아닌 이상, 타인의 외모를 세세하게 분석하고 따지기 좋아하는 성향의 사람이 아닌 이상, 내가 생각하는 나만의 단점을 잘 알아채지 못한다. 다리가 짧다거나 발이 크다 같은 것은 순전히 내가 느끼는 단점일 뿐이다. 하지만 단점이나 콤플렉스를 입에 올리는 순간, 신기하게도 그 부분이 두드러지게 보이기 시작한다. 특정 사안을 어떤 시각으로 보느냐에 따라 결론이 달라진다는 '프레이밍 효과framing effect'라고도 할 수 있다. 말을 하는 순간, 나 자신에게 부정적인 프레임을 씌우는 것이나 다름없다.

유튜브에 이와 관련된 영상을 만들었을 때 달린 댓글들 역시 이 사실을 증명한다. 영상 초반에 "사실 저는 넓은 이마가 콤플렉스입니다"라고 고백했다. 그러고는 "자, 지금 여러분은 제 이마가 넓어 보이는 마법에 걸리셨습니다"라고 덧붙였다. 그러자 '말하기 전엔 안 보였던 이마가 보이기 시작했어요', '이마만 눈에 들어와요'라는 댓글들이 달렸다. 넓은 이마에 대한 댓글은 이후 다른 영상에도 한동안 지속적으로 달렸다.

사실 타인은 나의 단점을, 콤플렉스를 굳이 알고 싶지 않았을지도 모른다. 우리는 보통 전체적인 이미지나 말투, 느낌으로 그 사람을 기억한다. 한쪽 눈에 쌍꺼풀이 있는지 없는지, 뺨에 점이 있는지 없는지, 눈썹 숱이 많은지 적은지 잘 기억하지 못한다. 자신의 단점을 굳이 드러냈기 때문에 그 사실이 조명을 받게 되는 것이다. 달리 말하면, 몰라도 되는 부정적인 정보를 제공한 셈이다. 성격적인 단점 역시 마찬가지다. 말하지 않았다면 몰랐을 단점도 말로 드러내는 순간 누군가가 나를 판단하는 데 기준으로 작용하게 된다.

자기 비하 발언은 꾹 삼켜라

단점을 드러내는 것과 마찬가지로 자신을 비하하는 발언은 삼킬수록 좋다. 자기 비하 발언은 스스로 단점을 드러내는 말보다 더 높은 수위로 자신을 낮춘다. 요즘 흔히 쓰는 '나 새끼'나 '제가 좀 멍청해요'처럼, 자기 비하 발언에는 욕설이나 격한 단어가 포함되곤 한다. 긍정적인 말이 그렇듯이, 부정적인 말 또한 무의식에 영향을 미친다. 긍정적인 말이 우리 뇌에 활력을 주고 기분을 좋게 해준다면 부정적인 말은 사람을 끌어내리는, 한마디로 늪과 같다. 입을 통해 나간 말이 나의 귀를 통해 머리로, 마음으로 들어와 생채기를 낸다.

자기 비하 발언의 또 다른 문제점은 평소 자신에 대해 갖고 있던 부정적인 판단이 담긴다는 것이다. 이는 외부에서 나를 공격하고자 할 때 약점으로 잡힐 수 있다. 특히 상대가 나를 잘 모르거나 속으로 나를 얕잡아보던 사람일수록 위험 요소는 커진다. 나를 잘 모르기 때문에 부정적인 말을 하는 맥락이나 뉘앙스를 이해하지 못하는 것이다. 게다가 상대가 나에 대해 부정적인 생각을 갖고 있었다면 이런 생각에 스스로 힘을 실어주는 셈이 된다. '저것 봐. 쟤도 인정하잖아', '역시 내 생각이 틀리지 않았어'라고 생각하면서 자신이 믿고 생각하는 방향으로 현상을 계속 보고 믿는 부정적인 확증 편향을 강화한다.

- "제가 좀 설명충이라서요."
- "제가 ×선비 기질이 있어요."
- "내가 좀 꼰대 끼가 있긴 해."

특히 이렇게 한 단어로 자신을 비하하는 일은 스스로 부정적인 낙인을 찍는 결과를 낳을 수 있으니 주의해야 한다. 막연한 관념이나 느낌도 '명명하기naming'를 통해 한 단어로 불리는 순간부터 힘이 생긴다. 부르기 쉬워 입에서 입으로 빠르게 전파되기 때문이다. 농담처럼 자신을 '패션 테러리스트'라고 말한 건데, 한두 사람이라도 이를 진지하게 받아들여 나를 '패션 테러리스트'로 명명해버리면 내가 없는 자리에서 나를 대표하는 단어가 되고 만다. 이름을 붙이고 부정적인 낙인을 찍는 일은 순간이지만, 많은 사람의 잘못된 인식을 바꾸려면 엄청난 노력과 시간을 쏟아야 한다.

- "어차피 망할 거라서 적당히 하고 있어요."
- "우리가 하는 일이 그렇죠, 뭐."
- "방송하는 사람은 이래서 안 돼."

자기 비하의 말뿐 아니라 자신이 속한 집단을 비하하는 말 또한 흔히 접할 수 있다. 물론 하루하루 쉽지 않은 삶을 이겨내고자 해학과 농담을 사용할 수도 있다. 하지만 이런 자조적인 농담은 그 맥락을 이해하는 사람에게만 농담으로 받아들여진다는 것을 기억하자. 높은 연차의 선배가 눈빛도 초롱초롱한 신입 사원에게 던지는 집단 비하적인 발언이 특히 좋지 않은 것도 이 때문이다. 자기 비하, 집단 비하적인 발언이 농담이 되려면 함께 생각을 공유하고 알아주는 사람에게만 표현하는 것이 그 부작용을 최소화할 수 있는 법이다.

포장지가 중요한 건
선물만이 아니다

앞서의 이야기와 반대로, 나의 의지와 무관하게 단점을 반드시 이야기해야만 하는 상황도 있다. 자기소개서나 면접에서 단골로 등장하는 성격의 장단점을 묻는 질문도 그렇고, 프레젠테이션에서 제안의 강점과 함께 약점을 말해야 할 때가 그렇다. 제한적인 글자 수나 시간에 당황하지 않고 똑똑하게 단점을 말하려면 어떻게 해야 할까? 나 역시 그런 고민을 한 적이 있다. 자칫 잘못 말했다가는 단점이 채용이나 프레젠테이션에 악영향을 줄까 두려웠기 때문이다.

전문가들은 보통 자기소개서를 쓸 때 단점을 단점 같지 않게 표현하라고 조언한다. 말이 쉽지, 단점을 어떻게 단점 같지 않게 표현할 수 있단 말인가. 이론을 나에게 적용하는 것은 쉽지 않았고, 서류 심사의 문턱을 넘는 것은 여전히 어려운 일이었다. 지푸라기라도 잡는 심정으로 방송사에서 일하는 학교 선배, 현직 PD들에게 조언을 구했다. 그들이 보여준 자기소개서와 내 것을 비교해본 뒤에야 비로소 나의 문제점을 파악할 수 있었다. 크게 보자면 '무엇을?'과 '어떻게?'였다. 어떤 단점을 골라 드러내고, 어떻게 표현하느냐가 합격과 불합격을 가른 것이다.

단점에도 포장이 필요하다

"같은 포맷도 결국 어떻게 포장하느냐, 즉 포장지가 제일 중요해."

한 PD 선배가 프로그램을 만들 때 마르고 닳도록 외쳤던 구호가 기억에 남는다. 비슷한 장르가 차고 넘치는 콘텐츠 업계에서 완전히 새로운 것을 만들어내기란 쉬운 일이 아니다. 하지만 프로그램을 포장하는 방식, 즉 어떤 톤 앤 매너, 연출로 참신함을 느끼게 하느냐가 프로그램을 달리 보이게 할 수 있다는 뜻이었다. 이 말은 이후 내가 콘텐츠를 꾸준히 제작하는 데 큰 동력이 됐다. 이미 포화상태라는 이야기가 지속적으로 나오던 팟캐스트 시장에 뛰어들 때도, 레드 오션이라는 유튜브에서 후발 주자로 나설 때도 비슷한 장르지만 '내 목소리, 나의 시선'이라는 포장지로 만든 콘텐츠는 다를 것이라는 확신이 있었다. 그 덕분에 알고리즘의 간택을 받기까지 1년이라는 힘겨운 기간을 꿋꿋이 버틸 수 있었다.

단점을 드러낼 때도 마찬가지다. 어떤 포장지로 어떻게 표현하느냐가 중요하다. 어떻게 말하는지에 따라 받아들이는 사람에게 천차만별의 이미지를 주기 때문이다. 특정 사안을 어떤 시각으로 보느냐에 따라 사람들이 보이는 반응이 달라진다는 이론인 '프레이밍 효과'가 이를 뒷받침한다.

스웨덴 미용 제품인 에그팩은 초기에 '비누'로 홍보했다. 그런데 비누치고는 가격대가 높아 판매가 저조했다. 그래서 '비누'라는 단어를 삭제하고 '팩'을 강조했더니 판매량이 급증했다. '나'라는 사람의 단점 역시 어떤 단어를 선택해 풀어내느냐가 핵심이다.

"제 단점은 끈기가 부족하다는 것입니다."

➡ "저는 후반 작업으로 갈수록 지구력이 떨어진다는 단점을 갖고 있습니다."

"예민함이 제 단점입니다."

➡ "섬세함으로 인해 남들은 잘 못 느끼는 스트레스를

받을 때가 있습니다."

"남들보다 느리다는 단점이 있습니다"
⟶ "신중한 편이지만 협업을 할 땐 남들의 속도보다 떨어져 답답할 때가 있습니다."

각 예시 문장에서 전과 후의 차이는 크게 두 가지로 볼 수 있다. 첫째는 '끈기 부족', '예민함', '느리다'라는 단어를 직접적으로 썼느냐 아니면 좀 더 완곡한 표현으로 대체했느냐 하는 것이다. 같은 얘기를 하더라도 결정을 짓듯 확신하는 단어를 사용하지 않으면 조금 더 부드럽게 들린다. 특히 극단적인 단어는 피하는 것이 좋다. '이기적이다', '게으르다', '덜렁댄다', '우유부단하다'처럼 치명적으로 느껴질 수 있는 단어를 사용하면 이후 부연 설명을 하더라도 부정적인 낙인이 찍힐 수 있다. 예시에서도 부정적인 낙인을 피하려고 '끈기 부족' 대신 '지구력 부족', '예민함' 대신 '섬세함', '느리다' 대신 '속도가 떨어진다'라고 표현했다.

둘째는 단정적인 말투를 썼느냐, 풀어 설명했느냐 하는 것이다. 단점을 표현할 때만큼은 명료한 표현을 피하는 게 좋다. 이는 취업 준비생 시절, 내가 저질렀던 실수이기도 하다. 두괄식으로 눈에 잘 들어오게 쓰려다 보니 단점을 첫 줄에 단정 짓는 말투로

써버린 것이다. 사실 단점이 드러나는 것은 상황에 달려 있다. 예컨대 느리다는 단점을 가지고 있다면, 그게 늘 문제가 되는 것이 아니라 급박하고 어려운 상황일 때 드러날 뿐이다. 따라서 상황 설명 없이 단정 짓는 말투로 단점을 이야기하는 것은, 항상 그렇지만은 않은 나에게 지나치게 가혹한 처사다. 나를 모르는 상대는 이로 인해 부정적인 이미지를 받게 되니, 스스로 발등을 찍는 셈이다. '내 단점은 끈기가 없다는 것'이라고 단정 짓지 않고 '협업을 할 때', '후반 작업으로 갈수록'이라고 구체적인 상황을 함께 언급해 늘 그렇진 않다는 느낌을 주는 것이 중요하다.

발가락 연막작전

"발가락이 콤플렉스예요."

외모 콤플렉스가 있느냐는 질문에 배우 김태희는 이렇게 답했다. 현명한 대답이 아닐 수 없다. 발가락은 확인하기 쉬운 부위가 아닐뿐더러 공개가 되더라도 이미지에 치명적으로 타격을 주는 단점이 아니기 때문이다. 물론 정말 발가락이 콤플렉스였을 수도 있지만, 단점을 말할 때만큼은 이 대답에서 배울 점이 많다. 알리고 싶지 않은 단점이나 이미지에 결정적인 타격을 주는 단점이 아닌 '발가락'을 드러내 이목을 돌림으로써 '연막작전'의 효과를 거둔 것이다. 일명 '발가락 연막작전'이다.

발가락 연막작전은 내 단점을 떠올렸을 때 1순위로 느껴지는 것보다 더 아래에 있는 단점을 선택하는 것이 핵심이다. 즉, 듣는 사람이 누구든 크게 문제가 되지 않을 단점을 택한다. 하지만 그렇다고 '지나친 성실함', '부지런해서 피곤하다'처럼 장점을 단점처럼 말하면 진정성을 의심받을 수 있으니 주의하자. 단점이지만 드러내도 되는 것, 극복 가능한 것, 이미 극복한 것 중 하나를 골라 말하면 이후 스토리도 자연스럽게 이어갈 수 있다.

'덜렁대는 단점이 있지.'

→ "타인에 대한 관심이 많아 오지랖으로 발전할 때가 있습니다. 말을 하기 전, 타인에게 실례가 될 수 있는지 한 번 더 돌아보려고 노력합니다."

'예민하고 스트레스에 취약하지.'

→ "거절을 잘 못해 힘들어했는데, 현명하게 거절하는 대화법을 익히고 있습니다."

'이마가 넓은 게 콤플렉스지.'

→ "어깨가 굽은 것이 콤플렉스였으나, 필라테스를 통해 극복하고 있습니다."

1순위로 떠오르는 단점 대신 다른 단점을 드러내고, 드러낸 단점 역시 극복하고 있다고 덧붙인다. 그러면 단점에 집중됐던 관심을 노력으로 돌릴 수 있으며, 이후 내가 드러낸 단점의 틀 안에서 평가받는 일도 피할 수 있다.

만약 단점을 드러내는 일이 두렵다면, 평소 똑똑하거나 완벽한 사람이 실수를 했을 때 더 호감이 간다는 '엉덩방아 효과pratfall effect'가 용기를 줄 것이다. 단점을 반복하면 문제가 되지만, 평소 긍정적인 이미지를 잘 쌓아왔다면 살짝 드러낸 단점은 인간적인 매력을 더해 오히려 호감도를 높여주기도 한다.

자, 이제 단점을 어떻게 표현하겠는가? 떠오르는 단점 몇 가지를 앞에 이야기한 두 가지 방법으로 표현해보자. 만약 단점을 부드럽게 표현할 말이 떠오르지 않는다면, 앞으로 돌아가 나를 칭찬하는 것부터 시작해보자. 단점을 말하기 전, 나를 너그럽게 봐주고 격려하는 것이다. 내 단점이 드러나는 맥락과 상황을 떠올려보면 조금 더 열린 마음으로 자신을 표현할 수 있다.

만만해 보이지 않기 위해
제일 먼저 점검할 말투

내 모습을 전략적으로 드러내야 할 때가 있다. 전문성이 중요한 일터에서 밝음을 어둠으로 짓누르려는 상대로부터 나를 보호하기 위해, 상황에 어울리는 옷을 입듯 상대에게 어울리는 나의 모습을 부각하는 것이다. 나는 특히 남을 지배하려는 본능이 강하거나 열등감이 많은 사람을 조심하는 편이다. 타인을 공존의 대상이 아닌 경쟁의 대상으로 여기고 지나친 열등감으로 꼬인 해석을 하는 이들은 말의 진의를 쉽게 왜곡하고 선의조차 만만함으로 해석하기 때문이다. 하루의 시간은 한정되어 있으니 알아주는 사람 앞에서만 나의 진가를 드러내기에도 부족하다는 게 내 생각이다.

'강약약강형'에게는
단호한 말투를 써라

특히 위험 경보가 울려대는 상대를 대할 때는 더더욱 전략적 어려움을 선택할 필요가 있다. 이때 가장 효과적인 방법은 사용하는 말을 바꾸는 것이다. 평소 부드럽고 포용적인 성향이더라도 나를 보호해야 하는 상대 앞이라면 가능한 한 단호한 말투를 사용하는 것이 좋다. 특히 이전에 만만한 취급을 받았거나 부당한 대우를 받은 경험이 있다면 평소 습관이 된 말을 점검해보는 것부터 시작해보자. 강자에게 약하고 약자에게 강한 '강약약강형' 인간에게는 나도 모르는 사이 약한 이미지를 주는 말을 쓰지 않는 것이 좋다.

우리가 알게 모르게 자주 사용하는, 우유부단하거나 자신감이 없어 보이게 하는 대표적인 표현 두 가지를 소개한다. 나도 모르게 습관이 된 다음의 두 가지 말투만 고쳐도 훨씬 더 단호하고 똑 부러진다는 인상을 줄 수 있다. 전략적 어려움을 택하는 상황에서는 남을 배려하기 위해, 친절해 보이기 위해 사용했던 말투를 잠시 내려놓자.

말끝 흐리지 않기!

말끝 흐리기는 신뢰도를 떨어트리는 대표적인 말 습관이다. 이런 말투는 의견이나 말에 확신이 없다는 인상을 준다. 말하는 사람도 확신하지 못하는 터에 상대가 신뢰를 갖고 지지해주기란 쉬운 일이 아니다. 만약 나도 모르게 말끝을 흐리는 일이 많았다면 문장을 짧게 매듭짓는 연습부터 해보자. '~습니다', '~입니다', '생각합니다'처럼 의식적으로 서술어를 붙여 끝맺음을 하는 것이다. 끝을 명료하게 마무리하는 것만으로도 말투에 힘이 생긴다.

"거래처에서 전화가 왔던데….."
⟶ "거래처에서 전화가 왔습니다."

"지금 하시는 말씀이 무슨 의미인지 잘….."
⟶ "지금 하시는 말씀이 무슨 의미인지 잘 모르겠습니다."

"맞아. 나는 좋은데…. 너는 또 어떻게 생각하는지 잘 모르겠어서….."
⟶ "맞아. 나는 좋은데 너는 어떻게 생각하는지 잘 모르겠어. 넌 어때?"

말하는 습관 탓에 의도하지 않게 말끝을 흐리게 되는 경우도 있다. 한 문장이 길어 호흡까지 함께 길어지는 '만연체' 스타일이 그렇다. 긴 호흡으로 말하다 보니 매듭을 짓기 위해, 서둘러 말을 마치기 위해 끝을 흐리는 것이다. 이런 경우 호흡을 짧게 끊어 말하는 연습을 하면 도움이 된다. 글을 쓸 때와 달리 구어체에서는 '~요'를 사용해 말의 호흡을 줄일 수도 있으니, 이런 연습을 해보는 것이 좋다.

> "팀장님, 저쪽 부서에서 중요한 메일을 보냈는데 제가 업무를 하다가 확인이 늦어져서⋯."
> ➡ "팀장님, 저쪽 부서에서 중요한 메일을 보냈는데요. 제가 업무에 집중하다 보니 확인을 늦게 해서 이제야 말씀 드립니다. 죄송합니다."

글이 아닌 '말'을 쓰는 방송 원고나 라디오 DJ의 원고가 호흡이 짧은 것도 이 때문이다. 긴 호흡은 듣는 사람의 주의를 쉽게 흐트러지게 할 뿐 아니라 말이 어색하게 들리는 원인이 되기도 한다.

> "눈을 떴는데 시간이 벌써 이렇게 되어서 너무 놀라서⋯."
> ➡ "눈을 떴는데 시간이 벌써 이렇게 된 거야. 너무 놀라서 후다닥 나왔어. 늦어서 미안해."

누군가에게 양해를 구하거나 사과를 할 때도 말을 흐리게 되는 경우가 많다. 자신이 없거나 미안한 마음 때문에 나도 모르게 말에 힘이 빠져 매듭을 짓지 못하는 것이다. 하지만 이럴 때일수록 더 명료하고 정중하게 말하는 연습이 필요하다. 말끝을 흐리며 변명을 늘어놓다 보면 정작 가장 중요한 사과의 말을 빼먹는 실수를 할 수 있기 때문이다. 변명의 긴 허리를 자르고, 실수를 인정한 뒤, 부드럽지만 명료하게 사과하는 것이 정중한 프로의 말투다.

'~것 같다' 줄이기

추측, 가정의 말투 '~것 같다'가 남용되는 것을 우리는 TV에서, 일상에서 흔히 접할 수 있다. 물론 조직에서는 내가 한 말로 인식돼 나중에 책임을 지게 되는 일이 없도록 추측, 가정의 말투를 사용하기도 한다. 문제는 의도를 가지고 사용하는 것이 아니라 자기도 모르게 나오는 '~것 같다'라는 표현이다. 이 말투가 습관이 되면 말에 자신이 없어 보인다. 자신의 감정이나 생각을 말하는 상황에서도 습관처럼 '~것 같다'를 붙이지 않도록 조심하자.

"방금 말씀해주신 아이디어, 좋은 것 같아요."

➡ "방금 말씀해주신 아이디어, 이전에 보지 못했던 느낌이라 더 참신한데요!"

"오, 이거 맛있는 것 같아."
➡ "오, 이거 맛있다."

"이틀 정도 지연되는 건 괜찮을 것 같아."
➡ "이틀 정도 지연되는 건 괜찮아."

"이 옷보다는 저 옷이 더 마음에 드는 것 같아요."
➡ "이 옷보다는 저 옷이 더 마음에 드네요."

이렇게 '~것 같다'를 줄이면 생기는 또 다른 효과가 있다. 첫 번째 예시처럼 습관처럼 사용하던 '~것 같다'를 대체해 말하기 위해 다른 표현을 생각하게 된다. '좋은데요'만으로는 감정을 전달하기에 부족하므로 더 정확한 표현을 고르게 되는 것이다. 습관적으로 사용하던 표현을 더 좋은 표현으로 대체하는 연습을 하면 더욱 풍성하고 자신 있는 언어생활이 가능해진다.

'~것 같다'의 지나친 남용은 말하는 사람의 매력을 반감시키기도 한다. 사람은 누구나 자신감 있고 여유가 있어 보이는 이에게 매력을 느낀다. 본인 스스로도 자신 없고 확신하지 못하는 말에 누가 신뢰를 갖고 매력을 느끼겠는가. 그러므로 특히 신뢰감이 중요한 발표를 하거나 설득을 해야 하는 상황에서는 자신 있는 표현으로 듣는 이의 마음을 얻어야 한다.

말은 그 나라의 문화를 반영한다. 영어권에서는 '뭐랄까'를 뜻하는 'like'를 자주 쓰곤 한다. "I don't get it, like, what's her problem?" (이해가 가질 않아. 뭐랄까. 그녀의 문제가 뭐야?) 굳이 들어가지 않아도 될 습관과 같은 말이다. 이처럼 나라마다 사람들이 자주 쓰는 말습관, 추임새가 있다. 우리나라 사람들이 '~것 같다'를 자주 쓰는 건 어쩌면 타인의 시선을 의식하는 문화의 영향이 아닐까? '내 말을 남들은 어떻게 생각할까?' 하며 눈치를 보느라 두루뭉술한 표현으로 내 감정이나 생각을 드러내는 것이다.

나는 적어도 취향이나 감정의 긍정 표현을 할 때만큼은 눈치를 덜 봤으면 좋겠다. "이거 맛있는 것 같아"가 아닌 "이거 맛있어", "그 음악 좋은 것 같아"가 아닌 "그 음악 좋더라"처럼 나의 표현이 누군가를 다치게 하지 않는 상황이라면 말이다. 정답이 있는 것이 아니니, 누군가가 평가를 하더라도 '내가 그렇다는데 뭐' 해버리면 그만이다. 내가 좋다는데, 맛있다는데, 기분 좋다는데 누가 뭐라 하겠는가. 혹시 반박하는 사람이 있다고 하더라도 '아, 넌 아니구나. 아니면 말지 뭐'라는 자세가 필요하다. 취향의 문제, 내 감정의 문제는 타인의 평가에 얽매이지 않을 권리가 있다.

참아도 되는 말,
참아서는 안 되는 말

    인천에서 서울까지 왕복 120킬로미터 거리를 출퇴근하던 시절이 있었다. 매일 1시간 반 이상의 거리를 운전하다 보니 각양각색의 운전자를 마주하곤 했다. 끼어들기 금지 구역의 맨 앞까지 아슬아슬하게 들어와 잽싸게 끼어드는 얌체족부터, 깜빡이 없이 차선을 이리저리 바꾸는 위협적인 운전자까지. 특히 대형 화물차에서 떨어진 돌멩이가 총알처럼 날아와 앞창의 유리가 깨진 일, 터널을 지날 때 바로 옆 차선에 있던 차가 깜빡이 없이 대각선으로 밀고 들어와 그대로 터널 벽을 들이받았던 사고를 떠올리면 지금도 가슴이 철렁해진다.

    이렇게 위협적인 차, 난폭 운전을 하는 운전자를 보면 나도 모르게 까칠해지기 쉽다. 그래서 거친 말을 내뱉거나 경적을 울려

대거나 화를 내게 된다. 그런데 왜 사람들은 유독 운전을 할 때 평소와 달리 거친 모습이 되는 걸까? 그건 바로 생존의 문제와 관련되어 있기 때문이다. 타인의 폭주는 나의 목숨을 위협하는 치명적인 행동이다. 그런 운전자로부터 나를 보호하기 위해 까칠하고 거친 모습이 나오는 것이다.

그렇다면 몸이 아닌 마음, 영혼을 보호해야 하는 상황에서는 어떨까? 아쉽게도, 마음을 다치면 나에게 상처를 준 언어 공격에 적극적으로 대응하지 못하기가 십상이다. 원만한 사회생활을 위해 그냥 참고 넘어가거나, 내가 너무 예민한 것은 아닐까 하면서 스스로 검열을 하게 된다. 하지만 마치 교통사고처럼 후유증을 남기는 말이나 상황을 접할 땐 운전자의 자기 보호 본능을 따르는 것이 좋다. 위협적인 차를 피해 먼 차선으로 가거나, 경적을 울려 나를 들이받지 못하게 주의를 줘야 한다.

비난 vs. 비판

적당한 상황에 경적을 울리기 위해서는 교통 법규와 마찬가지로 내 마음속에 기준을 세워두는 것이 좋다. 내가 생각하는 빨간 불, 건너면 안 되는 실선의 기준을 정해야 난폭한 운전자에게 빠르게 대처할 수 있다.

 깜박이도 켜지 않고 들어오는 말에는 경적을 울려 나를 보호한다.

먼저, 참아도 되는 말과 참지 말아야 하는 말의 기준으로 상대의 말이 사실에 기반한 비판인지 단순히 비난인지를 보는 방법이 있다. 물론 사람은 누구나 자신에 대한 부정적인 말을 달가워하지 않기 때문에 비난이든 비판이든 받아들이기가 쉽지는 않다. 하지만 근거 있는 비판은 성숙한 토론이나 논의가 가능하다는 점에서 생산적이다. 상대의 비판이 내가 성장하는 데 밑거름이 되어줄 때도 있다. 반면 근거가 없이 주관적인 느낌에 기반한 비난은 소모적이며 폭력성을 띤다는 문제가 있다. 비판과 달리 건강한 대화가 어렵고 마음에 상처를 남긴다.

다음은 비난과 비판의 차이를 보여준다.

- "목소리 ×같네. 역겨워요."(비난)
- "3번 솔루션은 사람에 따라서 적용하기 어려울 수도 있을 듯."(비판)

이 예시처럼 주관적인 느낌에 기반한 폭력적인 비난에는 경고를 보낼 필요가 있다. 유튜브처럼 이런 비난의 말이 종종 달리는 온라인에서는 '차단'으로 대응함으로써 마치 변기의 물을 내려 배설물이 깨끗이 씻겨 내려가게 하듯 처리한다. 그런 글을 놔두면 보는 사람들도 공중화장실에서 원치 않은 뭔가를 목격한 것과 같은 기분일 테니 말이다. 나에게 상처를 주는 근거 없는

133

비난, 폭력적인 말에는 참지 않고 경고를 보낸다는 기준이 필요하다.

실수 vs. 고의

누군가의 말이나 행동이 나에게 상처가 됐더라도 경적을 울릴 것인지, 조용히 넘어갈 것인지 고민이 될 때가 있다. 특히 가까운 사이이거나 나에게 영향을 미치는 사람에게 부정적인 표현을 하기란 조심스러울 수밖에 없다. 게다가 나를 보호하기 위해 경고를 하는 데에도 많은 에너지와 감정이 소모되기 때문에 말을 꺼내려 했다가도 포기해버리는 경우가 많다.

이렇게 참을지 말지 고민이 되는 상황이라면, 그 사람의 말이나 행동이 실수인지 고의인지를 떠올려보자. 누구나 실수를 할 수 있기 때문에 가까운 사이, 꾸준히 봐야 하는 사이라면 한두 번의 실수는 너그럽게 넘어갈 수 있다. 그렇지만 이런 실수가 상습적으로 반복돼 나에게 상처가 된다고 느껴지면, 그때부터는 더이상 참지 않고 경고를 보낸다고 기준을 세워야 한다.

상습적으로 타인에게 상처를 입히고 피해를 주는 말과 행동을 하는 사람은, 상대가 표현하지 않으면 자신의 행동이 타인에게 어떤 영향을 미치는지를 잘 모른다. 따라서 표현을 통해 풀어나갈 수밖에 없으며, 때로는 이것이 건강한 관계의 출발점이 되기도 한다. 상습적으로 피해를 주고 상처를 주었더라도, 말을 꺼냈을 때 잘 받아들이고 개선하려고 노력하는 사람과는 성숙한 관계를 만들어갈 수 있다.

반면, 받아들이지 않고 끝까지 자기변호만 하는 사람도 있다. 말을 해도 통하지 않는 사람들은 다음의 기준에서 생각해보자.

열린 귀 vs. 닫힌 귀

마이동풍馬耳東風이라는 사자성어가 존재하는 것을 보면 남의 의견이나 비판을 듣지 않는 유형의 사람들은 오래전부터 있었던 듯하다. 이런 사람을 '닫힌 귀'라 칭하겠다. 누군가에게 말을 할지 말지, 참을지 말지가 고민된다면 그가 '닫힌 귀'를 가졌는지, '열린 귀'를 가졌는지를 먼저 보는 것이 좋다. 애초에 자기 말만 옳다고 생각하면서 남의 말을 들을 준비가 안 된 사람에게는 굳이 시간과 노력을 들여 말을 해봐야 나만 손해이기 때문이다. 이럴 때 쓰는 사자성어가 주위상책走爲上策으로, 피해를 입지 않으려면 달아나는 것이 상책이라는 뜻이다. 마치 브레이크가 없는 것처럼 내달리는 폭주족을 도로에서 만났다면 조용히 피하는 것이 상책이듯이.

'닫힌 귀'의 소유자와 마찰이 생겼을 때는 앞의 기준들을 적용해 참지 않고 경고를 보내도 소용이 없다. 차라리 잠깐 자리를 피하는 것이 도움이 된다. 내가 원색적인 공격을 하는 악플러들에게 댓글로 경고를 보내거나 싸우지 않고 조용히 차단하는 이유도 이 때문이다. 말이 통하는 사람이라면 애초에 타인의 영혼에 해를 가하는 글을 굳이 시간 내어 남길 리가 없기 때문이다. 물론 세력을 형성해 공격하려 하거나 한두 번의 차단으로 해결이 안 될 때도 있다. 그럴 땐 직접 대응하지 말고 법과 제도를 통한 대화를 시도해야 한다. 폭주하는 차 때문에 교통사고가 났다면 직접 차주와 싸우지 않고 경찰에 신고하는 것처럼.

목소리를 높이기 위한
나만의 목소리 톤 찾기

　말은 결정적인 순간에 나 자신을 변호하고 구해내고 끌어올리는 강력한 삶의 무기다. 목소리는 그런 말의 날개와 같다. 말을 받아들이는 이에게 목소리가 미치는 영향이 크기 때문이다. 1997년 UCLA 심리학자 앨버트 메라비언 교수가 발표한 이론인 '메라비언의 법칙'에 따르면 사람은 말의 내용 자체보다 시각이나 청각 등 언어 외적인 요소로 말하는 사람의 이미지를 받아들이는 경향이 있다. 예컨대 언어 자체는 7%, 청각적 요소는 38%로 말의 내용보다 목소리가 전체적인 느낌을 형성하는 데 더 큰 역할을 한다. 따라서 설득력을 갖춘 내용에 신뢰감 있는 목소리를 더한다면 말에 힘을 실을 수 있다.

　내가 가진 소리를 제대로 내는 방법을 익히는 것은 자기 효능감을 키우는 데에도 좋다. 자기 효능감이란 스스로 어떤 일을 성공적으로 수행할 수 있다고 믿는 기대나 신념을 말한다. 목소리는 타고난 외모처럼 바꾸기 어려운 영역이 아니어서 노력으로 충분히 바꿀 수 있다. 운동처럼 시간과 노력을 들인 만큼 긍정적인 변화를 일으킬 수 있다. 매일 사용하는 말을 담는 목소리에 발전이 있다고 스스로 느끼면, 말하기에도 자신감이 붙는다.

자기 고유의 톤을 찾는 방법

내가 내는 소리를 긍정적으로 통제하고 조정하는 능력은 내면의 소리를 밖으로 끄집어내야 할 때, 그리고 말로 나를 방어하거나 구해내야 할 때 매우 중요하다. 필요한 순간에 자신 있게 목소리를 높일 수 있는 방법 몇 가지를 소개한다.

좋은 목소리는 듣기 편안하고 울림이 있는 목소리다. 나에게 편안한 톤을 찾기 위해 먼저 타고난 음역대를 찾는 것이 중요하다. '나'라는 악기가 바이올린처럼 높은 음색을 타고났는지, 콘트라베이스처럼 낮은 음색을 타고났는지 파악한 뒤 이에 맞게 소리를 내는 것이다. 이를 알아채는 가장 빠른 방법은 평소 부르는 노래 스타일을 떠올려보면 좋다. 노래방에 가서 노래를 부를 때 친구들에 비해 고음을 잘 내는지 아니면 저음이 편안한지, 주로 부르는 노래가 어떤 스타일인지를 생각해보면 된다.

이렇게 대략적인 음역대를 파악했다면, 이제 목울대를 짚어 내가 가진 음의 높이를 알아볼 차례다. 손으로 목을 짚으면 중앙에 동그랗게 잡히는 울대가 있을 것이다. 울대에 손을 댄 뒤, 음계의 '도'부터 차례로 소리를 내보자. 나에게 높은 음이라면 울대가 올라가게 된다. 반대로 소리가 낮다면 소리를 내지 않았을 때 멈춰 있던 울대가 내려간다. 소리를 냈을 때도 울대가 처음 위치 그대로 있는 음이 바로 내가 가진 고유의 음이다.

내 음이 '미'라면 '미' 상태에서 말을 해보자. 평소와 다른 높이가 나온다면 내가 가진 음에 비해 낮거나 높게 목소리를 사용하고 있는 것이다. 맞지 않는 음으로 장시간 말을 하면 성대에 무리가 가기 때문에 나에게 편안한 음을 의식적으로 찾아 말하는 것이 좋다. 내 목소리가 가진 고유의 음높이를 파악한 뒤, 위아래로 변주를 주어 말하는 연습을 해보자.

울림을 주는 편안한 소리를 내는 법

나에게 맞는 음역대를 찾았다면, 이제 목소리의 울림을 만들 단계다. 좋은 스피커나 장인이 만든 악기가 깊이 있고 울림 있는 소리를 내는 것처럼, 좋은 소리엔 울림이 있다. 사람의 소리에서

울림을 내는 방법으로는 크게 두 가지가 있다. 하나는 복식 호흡을 통해 깊은 소리를 내는 방법, 다른 하나는 소리를 마지막으로 담아 전하는 입의 공간을 확보하는 방법이다.

소리가 울림 없이 얕게 들리는 이유는 목에서 소리가 나와 입에서 맴돌기 때문이다. 깊이 있는 소리를 내기 위해서는 복식 호흡을 통해 소리를 끌어올리는 것이 좋다. 목에 힘을 뺀 뒤 배에 손을 짚고 힘을 주어 말해보자. 배에 힘을 주고 말하면 목에 들어갔던 힘이 배로 들어가 조금 더 편안한 소리가 난다. 평소 소리 내던 방식을 단기간에 고치기는 힘들지만, 배에 힘을 주며 말하는 연습을 꾸준히 하면 예전보다 깊은 곳에서부터 소리를 끌어올려 말할 수 있을 것이다.

깊은 곳에서 끌어올린 소리가 입에서 막혀버리면, 이 또한 울림이 부족해진다. 이를 방지하기 위해 소리를 마지막으로 뱉는 입안의 모양에 신경을 써보자. 평소 말을 할 때 입을 작게 벌리는 편이었다면, 입을 크게 벌리고 미소를 지으며 말해보는 것부터 시작하자. 미소를 지으면 입안의 공간이 확보된다. 이 원리를 활용해 입안의 공간, 실평수를 넓혀 소리를 내는 방법이다. 입안에 동굴 모양의 공간을 확보하면 소리의 공명이 생긴다. 공명을 만들어 소리를 밖으로 내보내는 것이다.

마지막으로 막힌 소리를 방지하기 위해 점검해야 할 것은 목구멍이다. 목구멍은 침을 삼킬 때 열렸다 닫히는데, 말을 할 때

목구멍이 닫혀 있으면 답답한 소리가 나온다. 조금 더 시원한 소리를 내기 위해 하품을 할 때 기도가 열리는 원리를 활용해 목구멍을 열어주자. '허'를 길게 소리 내어 말해보는 것도 소리가 나오는 길을 열어주는 방법이다. 하품과 '허'를 통해 목구멍을 연 뒤 말하면 조금 더 부피감이 있고 공명 있는 소리가 나올 것이다. 평소 말을 할 때, 이 느낌을 살려 꾸준히 연습해보자. 예전보다 목에 무리가 덜 가면서도 편안하게 들리는 소리를 낼 수 있다.

- "같은 이야기를 해도 더 신뢰가 가고, 집중이 잘돼요."
- "공포 프로그램인데, 왜 이렇게 따뜻하게 들리죠?"
- "언니 목소리가 포근해서 퇴근 후 매일 틀어놓고 자요."

라디오, 팟캐스트, 유튜브를 통해 말을 했을 때 가장 많이 들었던 피드백이다. 목소리는 나만의 개성과 매력을 만들어주는 강력한 무기인 동시에 듣는 사람이 계속 귀를 기울이게 하는 힘이 된다. 원래의 톤이 가진 장점을 잘 살려 편안하고 울림 있는 발성으로 말하면, 말이 길어져도 편안하게 들린다. 특히 말을 많이 하는 직업이라면 내가 가진 목소리에 관심을 가지고 제대로 사용하는 방법을 익혀보자. 작은 차이 같지만 결과는 분명 달라질 것이다.

발음이 좋아지면
전달력도 좋아진다

말투에는 그 사람의 성격이 담긴다. 이를테면 성격이 급한 사람은 말이 빠르고 느긋한 사람은 말이 느린 것이 보통이다. 물론 말하는 스타일에 정답은 없다. 각자의 성향 또는 업무에 따라 최적화된 스타일이 있기 때문이다. 하지만 의사소통이 한 번에 되지 않고 타인이 나의 말을 여러 번 되묻는 것과 같은 불편함을 느낀다면 전달하는 방식을 개선할 필요가 있다. 특히 타인과의 소통이 잦고 말이 중요한 일을 한다면 소통의 질을 떨어트리는 문제를 해결하는 것이 업무에 유리하다.

발음을 개선하는 것은 전달력을 높이고 강단 있는 말투를 만드는 가장 빠른 방법이다. 발성이나 목소리를 개선하는 것이 꾸준하고 장기적인 노력이 필요한 일이라면, 발음은 약간의 노력으로도 즉각적인 변화를 가져다주기 때문이다. 게다가 목소리가 작고 발성이 좋지 않더라도 발음이 좋으면 명확한 의사 전달이 가능하다. 작은 목소리는 마이크와 같은 기술의 도움으로 충분히 보완할 수 있다. 반면 뭉개지거나 전달력이 부족한 발음은 기술의 도움을 받기 힘들다. 다음과 같은 방법들을 익혀서 매일 사용하는 말에 바로 적용해보자. 전달력이 조금은 더 높아졌음을 바로 체감하게 될 것이다.

모음을 확실히 발음한다

발음이 좋게 들리지 않는 대표적인 이유는 정확하지 않은 입모양에 있다. 혀와 입이 정확한 위치에 있어야 하는데 입이 제대로 움직이지 않기 때문에 좋은 발음이 나오지 않는 것이다. 또렷한 발음으로 말하기 위해서는 입과 혀를 올바른 위치에 두는 연습이 필요하다.

모음을 발음할 때, 입은 가로와 세로로 특히 많이 움직인다. 따라서 또렷한 발음을 만들려면 가로와 세로로 움직여야 하는 모음에 신경 써서 입을 벌려 말해보는 연습을 먼저 하는 것이 좋다.

애국가를 소리 내어 읽어보자.

다음으로 모음인 'ㅜ, ㅘ, ㅏ, ㅓ, ㅣ, ㅕ'를 신경 쓰면서 입을 움직여보자. '우'를 발음할 땐 입을 가운데로 확실하게 모으고, '아'를 발음할 땐 입을 좌우로 벌리는 식이다. 특히 이중모음인 '와' 발음의 '오'처럼 입을 동그랗게 만드는 원순모음을 발음할 때는 조금 더 많은 움직임이 필요하다. 입의 움직임이 많이 필요한 발음을 평소에는 빠르게 넘겨버렸기 때문에 정확한 발음에서 멀어지게 된다. '오, 우, 외, 위'처럼 입을 많이 오므리고 내미는 원순모음을 할 때 입 모양을 제대로 만들면 발음이 이전보다 개선된 것을 느낄 수 있을 것이다.

천천히 말한다

전문 배우나 성우처럼 전달력이 중요한 직업을 갖고 있지 않은 이상 말이 빨라지면 발음도 조금씩 뭉개진다. 나 역시 트레이닝을 통해 발음이 정확해진 편이지만 원래 내 속도보다 말이 많이 빨라지면 발음이 꼬이거나 뭉개지는 일이 생긴다. 처음 라디오 진행을 맡게 됐을 때, 방송 선배들이 해준 0순위 조언도 말을 천천히 하라는 것이었다. 떨리고 마음이 급해질수록 말이 점점 빨라지고, 그러다 보면 말이 꼬이기 때문이다. 의식적으로 여유를 가지고 천천히 말했더니 발음이 씹히거나 말이 잘못 나오는 경우도 줄어들었다.

무 궁 화　　삼 천 리　　화 려 강 산

발음이 쉽게 개선되지 않는다면 평소 말하는 속도를 점검해 보는 것도 좋다. 위의 예시처럼 평소 속도보다 느리게 읽어본 뒤, 조금 더 빨리 읽어보면 속도에 따른 발음의 차이를 체감할 수 있을 것이다. 천천히 말할 때는 입을 오므리고 벌리는 모양을 조금 더 확실하게 만들 수 있기 때문에 정확하게 발음하는 데 유리하다. 조금 느리게 말하기가 익숙해지면 조금씩 속도를 빨리하면서 발음의 정확도를 높여보자.

내 말이 나도 모르게 점점 빨라질 때 의식적으로 제동을 걸어주면 발음이 꼬이고 뭉개지는 것을 방지할 수 있다. 만약 성격이 급한 편이라면 이번 기회로 조금 더 느긋하게 말을 하며 말 한마디 한마디를 조금 더 신중하게 하는 연습을 해보자.

강조할 단어는 또박또박 말한다

전문 MC 같은 진행자들은 대체로 좋은 발음으로 말한다. 하지만 언제나 100% 완벽한 발음으로 말하는 건 아니다. 말을 하는 상황에 따라 필요한 진행 능력이 각각 다르기 때문이다. 뉴스나 보도처럼 신속·정확함을 요구하는 프로그램에서는 발음과 강세가 중요하다. 하지만 예능 프로그램이나 행사처럼 분위기를 만들어가는 것이 더 중요한 진행일 때는 발음이 상대적으로 정확하지 않은 경우가 많다.

일상의 말하기도 마찬가지다. 아나운서 지망생이 아니라면 완벽에 가까운 발음보다는 상황에 맞게 전달력을 높이는 데 주력하는 것이 좋다. 자칫 지루해질 수 있는 프레젠테이션이나 소규모 회의 등에서는 전달력이 곧 말에 대한 집중도와 직결된다. 일상의 대화에서도 상대가 나의 말을 여러 번 되묻는 일을 줄일 수 있어 대화를 원활히 이어가기가 수월해진다.

앞의 방법들로 전반적인 발음이 개선됐다면, 마지막으로는 강조해야 할 단어의 발음을 신경 써 말한다. 프레젠테이션이나 발표처럼 설득을 하거나 주장을 해야 하는 경우, 특히 강조해야 하는 단어들이 있을 것이다. 다른 말보다 중요한 단어에서 발음을 정확하게 해주면 강조의 효과가 생긴다. 이때 정확한 발음과 더불어 해당 구간에서 속도를 천천히 해주면 효과가 더 커진다.

- "우리 회사가 올해 가장 중요하게 생각하는 것은 바로 투명한 소통입니다."
- "예전부터 내가 정말 고맙게 생각하는 거 알아? 너는 나에게 가장 소중한 사람이야."
- "우리 채널의 주 타깃층인 K-POP 팬덤이 현재 무엇에 가장 열광하는지를 생각해보아야 합니다."

첫 번째 예시의 '바로'처럼, 중요한 단어를 말하기 전 꾸며주는 말을 집어넣음으로써 다음 구간의 발음을 명확하게 해 강조 효과를 주는 것이다. 강조할 부분의 발음이 정확했다면 앞뒤의 문구를 빨리, 흘려 말하더라도 핵심은 충분히 전달된다. 마지막으로 여기에 잠시 멈춤 스킬까지 더하면 강조의 효과를 더 높일 수 있다. 밑줄 친 문구 '투명한 소통'을 발음하기 전, 1초 정도 잠깐 멈춰보자. 잠시 멈춤은 흐름상 뒤의 말에 더욱 집중하게 하는 효과를 줄 뿐 아니라, 멈추는 사이 강조할 단어의 발음을 명확하게 내기 위해 입 모양을 만들 시간도 벌어주니 잘 활용해보자.

3

어려운 말도 쉽게

거절, 부탁, 설득의 말을 하기란 쉽지 않지만,

호의를 받은 사람이 상대에게 다시 호의를 베풀게 마련이다.

어려운 말도 쉽게 해주는 관계의 언어를 사용해보자.

내 인생의 빌런과
평화롭게 대화하려면

싫어하지 않으려 해도 자꾸 못되게 구는 사람, 같은 공간에 있는 것조차 싫은 사람을 만나본 적 있는가? 밥벌이로 인한 육체적 고단함이 따르지만 그래도 평화롭게 하루하루를 마감하고 싶은 마음이 간절할 것이다. 하지만 불시에 등장하는 빌런들은 고요한 마음에 크고 작은 균열을 일으킨다. 나 역시 살면서 크고 작은 빌런들을 만나왔다. 자신의 의견에 조금이라도 반대되는 의견을 내면 소리부터 지르는 상사, 어설픈 갑질로 분위기를 이상하게 만드는 다른 부서 직원, 여기저기 말을 옮기며 이간질하고 따돌림을 주동하는 선배까지. 회사를 그만두기 전까지는 싫어도 얼굴을 보며 소통을 해야만 하는 사람들이었다. 어른이 된다는 건, 포기하고 싶어도 그럴 수 없는 상황이 많아진다는 뜻이라는 걸 절실히 느꼈다.

불시에 등장하는 빌런과는 맞서 싸우지 않는다.

특히 다양한 부서 및 스태프들과 협력해서 일을 진행하던 PD 시절, 빌런들과도 평화롭게 소통해야만 하는 상황이 많았다. 하루하루 프로그램을 만들어내기도 바쁜 터였기에 빌런들과의 마찰로 불필요한 야근을 하게 되는 것만큼은 피하고 싶었다. 결국 숱한 시행착오를 거친 후, 싫은 사람과 평화롭게 이야기할 수 있는 몇 가지 요령이 생겼다. 이 요령들을 염두에 두면서 말하자 빌런과의 대화를 무사히 마칠 수 있었다.

호불호 표현은 최소화해라

내 인생의 첫 빌런을 만난 건 초등학교 5학년 때의 일이다. 전학생인 내가 빨간 망토가 달린 코트를 입었다는 이유로 왕따시키려 했던 같은 반 아이. 그 친구는 토론 시간에 내가 하는 말에 무조건 반대를 외쳤다. 나를 싫어하는 감정을 반대 의견으로 표출한 것일 수도 있고, 나와 유독 생각이 달랐을 수도 있다. 하지만 그 친구 탓에 좋아하던 토론 시간이 점점 피곤한 시간이 됐다는 기억만은 확실하다. 그때부터 나의 레이더는 누군가의 의견을 듣고 부정적인 반응부터 내놓는 사람에게 반응했다.

싫은 사람과 말을 해야 한다면, 꼬투리나 흠집이 잡힐 빌미를 제공하지 않는 것이 좋다. 이때 좋은 방법은 나의 호불호에 대한 언급을 최소화하는 것이다. 어떤 것을 좋아한다 또는 싫어한다고 이야기하는 것은 나를 괴롭히려는 상대에게 그 반대를 선택할 힌트를 주는 것이나 다름없기 때문이다. 상대가 마음먹기에 따라서는 나를 싫어하는 분야의 부서로 보낼 수도 있고, 내가 좋아하는 일만 빼놓고 제안을 할 수도 있다. 따라서 싫은 사람 앞에서는 나를 되도록 드러내지 않는 것이 좋다.

"장단점이 있지요. 나쁘지 않아요."

어떤 사안을 결정하는 것처럼, 의견을 드러내야 하는 순간도 있다. 그럴 땐 최대한 중립적인 표현을 하는 것이 좋다. 평소라면 정치적이라고도 느껴질 만한 표현이지만, 관계가 좋지 않은 사람을 대할 때는 미적지근한 표현이 나를 보호하는 데 유리하기 때문이다. 짧게 답했을 때 성의가 없어 보일까 봐 우려되는 대화 주제라면, 나의 호불호가 아닌 객관적인 장단점을 나열하는 것이 빌런에게 먹이를 주지 않는 최선의 방법이다.

확실하지 않은 이야기는 절대 금물

확실하지 않은 이야기는 나를 공격하는 화살이 되어 돌아올 수 있다. 엮이기 싫은 상대일수록 빌미를 주지 말아야 하는데, 상대가 정보의 출처를 묻거나 정확성을 확인하려 드는 순간 대화에서 한 수 지고 들어가게 된다. 특히 대화를 통해 특정 사안을 정하거나 서로의 주장이 오가야 하는 상황이라면 확실하지 않은 이야기는 하지 않는 것이 좋다. 얼버무리거나 확실하진 않다고 인정하는 사이에 주도권이 상대에게 넘어가기 때문이다.

- "어디서 들었는데, 요즘 그 시장이 좀 하락세라고 하던데요."
- "두 기업이 합병한다는 이야기가 돌던데요."

'~하던데', '어디서 들었는데'와 같은 표현은 특히 지양하는 것이 좋다. 가볍게 제시한 예일지라도 관계가 좋지 않은 상대라면 이를 꼬투리 삼아 전체 주장의 신뢰성을 문제 삼을 수도 있다. 명확하지 않은 이야기를 꼭 해야만 한다면 '확실하진 않지만', '~일 수도 있다'라는 말을 끼워 넣는 것이 좋다. 틀릴 수 있다는 가능성을 내가 먼저 언급했기 때문에 확실하지 않은 정보 자체에 대한 공격만큼은 사전에 차단할 수 있으니 말이다.

싫어할수록 예의를 갖춰라

누군가와 불편한 관계, 서로 싫어하는 관계가 되면 표정이나 말투에서 마음이 조금씩 드러나게 된다. 그러나 원활한 사회생활을 위해선 싫어하는 티를 내지 않는 것이 낫다. 이럴 때는 더욱 깍듯이 예의를 갖춰 말하는 것을 추천한다. 예의 바른 말투는 '싫어하는 티'를 감추는 가장 효과적인 방법이기 때문이다. 물론 한 공간에 있는 것조차 싫은 이에게 예의를 갖춰 깍듯이 말하는 건 쉽지 않은 일이다. 그럴 땐 나를 위해 예의를 갖춘다고 생각하면 도움이 된다. 상대를 위한 예의가 아니라 나에게 떳떳하기 위한 행동이라고 말이다.

싫어하는 상대에게 예의를 갖추면 다음의 이점이 있다. 첫째, 상대에게 빌미를 주지 않는다. 최선을 다해 예의를 갖추면 적어도 태도나 말투의 문제에 대해서는 꼬투리를 잡을 수 없게 된다. 둘째, 나 자신에게 떳떳해진다. 부정적이고 파괴적인 사람과 오랫동안 함께하다 보면 나도 모르게 그런 모습을 닮을 수 있다. 이점을 특히 주의해야 한다. 빌런을 상대하느라 나 또한 빌런이 되어선 안 되지 않겠는가. 상대의 태도가 별로일지라도 나는 평소의 나답게, 성숙한 태도를 유지하는 것이 장기적으로 이롭다. 셋째, 내가 만만하지 않은 상대라는 인상을 심어준다. 강단 있고 예의 바른 말투를 사용하면 대놓고 시비를 걸기가 쉽지 않다. 상대가 싸움을 걸 빌미를 노리고 있었다면, 내가 호락호락하지 않은 맞수라고 생각할 것이다.

물론 빌런들은 빌미를 주지 않고 예의를 갖춰 말했는데도 기어이 시빗거리를 찾아내 우리를 당황하게 만들기도 한다. 하지만 그건 상대의 문제를 더욱 분명히 확인할 기회이기도 하다. 마음속에 숨은 열등감이나 질투처럼 상대의 부족한 면을 알게 되면 오히려 또 다른 대응법을 찾아낼 수 있다. 가식적으로 느껴질지라도, 싫은 사람일수록 최선을 다해 깍듯이 대하자.

쓴소리 달게 하는 법

PD로 일하던 시절에는 상대방이 제작한 콘텐츠를 모니터링한 후 피드백을 주고받는 자리가 많았다. 업무 특성상 나 역시 참신한 콘텐츠 제작이라는 의무를 지고 있기에 타인의 콘텐츠에 부정적인 피드백을 하는 건 쉬운 일이 아니었다. 콘텐츠가 제작되는 과정, 그러니까 몇 달 동안 고심해서 기획하고, 상부를 몇 차례씩 설득하는 어려운 과정을 거쳐야 한다는 걸 잘 알기 때문이다. 게다가 연차가 차이 나는 선배 PD의 콘텐츠에 대한 피드백은 업무의 일부일지라도 조심스러울 수밖에 없었다. 다들 그런 사정이다 보니 모니터링 회의에서는 어색한 침묵이 흐르는 일이 잦았다.

그런데 내가 제작을 하고 모니터링을 받는 입장이 되자, 부정적인 피드백이 소중하다는 걸 알게 됐다. 무응답보다는 어렵게 들려준 쓴소리가 콘텐츠를 개선하는 데 도움이 됐기 때문이다. 같은 팀원의 콘텐츠에 도움을 주고자 어렵게 말을 해준 팀원들의 마음이 고맙게 느껴지기까지 했다. 쓴소리를 아프지 않게 해주는 선배들과 동료들을 보며 그들의 표현 방식을 배울 수 있었다.

그들과 함께 일하며 배웠고 이후의 내게 용기를 준, 쓴소리를 달게 만드는 3단계 팁을 소개한다. 각 단계는 '긍정 – 부정 – 긍정'으로 이루어져 있다.

1단계 긍정: 상대의 입장에서 긍정한다

우리 뇌는 처음과 끝을 더 잘 기억한다는 특성이 있다. 앞서 언급한 초두 효과는 서두에 제시된 정보가 추후 정보보다 더 강한 영향을 미치는 현상을 말한다. 이와 반대되는 것으로 최신 효과recency effect가 있는데, 최신 정보가 과거의 정보보다 더 잘 기억되는 현상이다. 미국 템플대학교의 심리학 교수인 로버트 라나에 따르면, 주어지는 메시지에 담긴 내용의 친숙도에 따라 두 현상이 다르게 발현된다. 정보에 대한 관심이 높고 친숙하며 논쟁적인 내용일수록 초두 효과가, 정보가 낯설고 무관심할 경우에는 최신 효과가 더 큰 영향을 미친다. 논쟁의 여지가 있는 부정적인 피드백일수록 초두 효과를 사용하는 것이 효과적이라는 얘기다. 긍정적인 메시지의 잔상 덕에 이후에 이어지는 쓴소리가 부드럽게 들린다.

> "참신한 연출이 담긴 콘텐츠 재밌게 잘 봤습니다. 예산의 한계로 섭외가 쉽지 않았을 텐데 이렇게 높은 완성도의 콘텐츠를 만들어내시느라 고생이 많으셨습니다."

콘텐츠에 대한 부정적인 피드백을 제시하기 전, 이렇게 긍정적인 내용으로 말문을 열면 이어질 부정적인 내용 또한 부드럽게 들리는 효과가 생긴다. 이때 상대의 입장을 고려한 내용을 담으면 듣는 사람의 마음과 귀가 조금 더 열린다. 결과물을 내기까지 어떤 어려움이 있었을지 이해한다는 말에서 자신을 존중하고 배려한다고 느끼기 때문이다. 지적을 위한 지적이 아니라 성장을 위한 선의의 쓴소리를 하고자 한다면, 상대방의 입장에서 생각해 보는 마음이 우선되어야 한다.

2단계 부정: 부정 표현은 풀어서 말한다

쓴소리라고 꼭 듣기에도 쓸 필요는 없다. 씁쓸한 한약에 단맛을 내는 감초를 추가하듯, 부정적인 내용이라도 표현을 부드럽게 하면 거부감 없이 전달할 수 있다. 마침내 상대에게 쓴소리를 할 차례가 됐다면, 부정적이고 강한 단어를 풀어서 표현해보자. 콘텐츠의 호흡이 느려서 지루하다고 느껴졌다면 '지루하다', '별로였다'라는 직접적인 부정 표현 대신 이를 바꿔 표현하는 식이다.

> "다만 편집이 빠른 호흡을 선호하는 요즘 시청자들의 트렌드에 비해 다소 느긋하다고 느껴졌습니다."

부정적인 내용을 풀어서 표현해도 의미는 충분히 전달된다. 긍정적인 이야기로 말을 꺼냈더라도 긍정을 덮을 정도로 강한 인상을 주는 부정 표현이 이어진다면, 앞서 이야기한 초두 효과보다는 부정 표현만 기억에 남을 확률이 높다. 따라서 상대에게 부정적인 내용을 전해야 할 때는 강한 표현을 대체할 단어를 생각해 말하는 것이 좋다.

> "마지막 컷은 연출 의도가 뭐죠? 무의미한 컷이라고 생각하는데요."
> → "마지막 컷의 연출 의도가 무엇인지 궁금합니다. 저에게는 그 의미가 직접적으로 전달되지 않아서요."

'무의미하다', '효과가 없다', '재미가 없다' 같은 직접적인 부정 표현은 반감을 사기 쉽다. 듣기에 따라 공격적으로 느껴질 수도 있으며, 공격적인 표현은 무의식에 숨은 개인의 방어 기제를 자극하기 때문에 의도와 달리 불필요한 논쟁으로 번질 수 있다. 주로 나이나 직급처럼 서열이 높은 사람이 어리고 직급이 낮은 사람에게 이런 실수를 하곤 한다. 표현을 조금만 달리하면, 공격이 아닌 토론의 장을 만들게 돼 건설적인 소통이 가능해진다. 함께 일하는 사람의 사기를 떨어뜨리지 않고 더 나은 성과를 이루고 싶다면 부정 표현을 하는 데 주의를 기울이자.

3단계 긍정: 현실적인 대안을 제시하고 격려한다

나는 대안 없는 쓴소리만큼 애정 없고 무책임한 것도 없다고 생각한다. 타인이 이루어놓은 결과물에 막연히 부정 피드백을 하는 것은 문외한조차 할 수 있을 만큼 쉬운 일 아닌가. 현실 가능한 대안을 내놓지 못한다면 쓴소리를 할 자격이 있는지부터 자문해봐야 한다.

방송 프로그램을 만들 때 가장 어려웠던 건 제작에 대한 이해도가 낮은 관리자들의 무책임한 발언을 이행해야만 하는 상황이었다. 유튜브를 예로 들면, 교육적인 콘텐츠를 기대하는 구독자들로 이루어진 〈희렌최널〉에 갑자기 현재 유행 중인 트로트 영상을 올리라고 지시하는 식이다. 잘 가고 있는 배를 갑자기 엉뚱한 곳으로 돌리는 키잡이가 되지 않으려면 현실성 있고 이해도가 뒷받침된 대안을 제시해야 한다. '교육 채널에 트로트 영상'처럼, 뜬구름 잡는 비현실적 대안은 오히려 앞선 주장의 신뢰도를 떨어트린다.

> "빠른 호흡을 선호하는 시청자 성향에 맞게, 지금 들어가 있는 말의 공백을 조금 줄여보는 건 어떨까요?"

앞서 느린 호흡에 대한 이야기를 꺼냈다면, 이어지는 대안에서는 현재 결과물에서 후반 편집으로 해결할 수 있는 대안을 제시하는 것이 좋다. 대안을 내놓을 때는 강요가 아니라 권유나 제시의 표현이 더 부드럽게 들린다. 그리고 결국 결정은 상대가 하는 것임을 다시 한번 확인시켜주는 효과가 있다. 결정권을 가졌다고 생각하는 상대는 조금 더 마음을 열고 대안을 검토하게 된다.

> "호흡만 조절한다면 지금보다 더 많은 시청자에게 긍정적인 반응을 얻을 수 있으리라 생각합니다. 이미 충분히 좋은 프로그램이니 앞으로 더 많은 사람에게 사랑받을 일만 남았네요."

대안을 제시했다면 마지막은 이렇게 긍정적인 격려로 마무리한다. 부정적인 피드백이 발전과 성장을 위해 한 말이었음을 격려를 통해 상기시키는 것이다. 실제로 상대를 위해, 함께하는 프로젝트를 위해 건넨 쓴소리였으니 말이다.

나는 서바이벌 형식의 오디션 프로그램을 그다지 좋아하지 않는다. 그럼에도 심사위원들의 평가를 들은 참가자들이 이를 거름 삼아 발전해나가는 모습을 보면, 쓴소리가 성장에 필수적이란 생각도 든다. 알을 깨고 나오는 데에는 자신의 의지가 가장 중요하지만, 그런 의지를 만들고 방향을 잡아주는 데에는 전문가의 관점이 중요한 역할을 할 때가 있기 때문이다. 그러니 누군가에게 쓴소리를 해야 한다면 꼭 기억하자. 상대와 사안에 대한 관심과 진심 어린 애정을 담아 따뜻하게 표현해야 한다는 것을. 단단한 알을 깨는 힘은 아기 새의 노력과 어미 새의 온기에 있다.

소모적인 분노는 이제 그만

　이탈리아에는 '화를 내는 것은 가장 비싼 사치다'라는 속담이 있다. 그리고 분노로 인한 병, '화병'이라는 말은 서구 정신의학에는 없는 한국적 진단명이다. 정신의학자들이 화병이라는 표현을 그대로 채택해 그 증상에 관해 연구할 정도로, '화'라는 감정이 한국 사회 전반에 퍼져 있음은 부정할 수 없는 사실이다. 무한 경쟁 구도에서 개인의 감정을 들여다볼 여유가 부족했고, 정신건강의 문제는 개인의 몫으로 치부됐다. 게다가 2020년, 누구도 예측하지 못했던 팬데믹 사태로 우리는 각자 고립된 환경에서 해결해야 할 과제를 더 많이 떠안게 됐다. 급기야 이는 온라인 댓글, 타인을 향한 지나친 분노로 표출되기 시작했다.

　분노의 가장 큰 문제는 화의 감정이 사람을 해칠 수 있다는 점이다. 잘못된 방법으로 화를 분출하면 타인에게 상처를 입힐 뿐만 아니라 화를 해소하지 못한 채 쌓아두면 각종 질병의 원인이 되어 자신마저 해치게 된다. 인간의 감정을 대표하는 네 글자 '희로애락喜怒哀樂'에도 노여움을 뜻하는 '로'가 있듯, 분노가 인간과 밀접한 감정이라면 현명하게 해소할 방법이 필요하다.

분노 대신 '해결'에 집중한다

화를 내다 보니 화가 더 나는 경험을 해본 적이 있는가? 라디오 방송을 진행할 때 가끔 연기를 하곤 했는데, 그러다가 내 감정에 놀란 적이 있다. '행복해서 웃는 게 아니라 웃다 보면 행복해진다'라는 말처럼 화 역시 마찬가지였기 때문이다. 화를 내는 연기를 했을 뿐인데 연기가 길어질수록 점점 심장이 뛰고 화가 났다. 화를 내는 행위에 집중하다가 감정이 격앙되는 경험을 한 것이다. 이처럼 분노하는 말이나 감정에 몰입하다 보면, 원래 내려고 했던 화보다 감정이 더 크게 요동치는 불상사로 이어질 수 있다. 이는 그야말로 소모적인 행위일뿐더러 관계에도 적신호가 켜진다.

화를 건강하게, 현명하게 내기 위해서는 분노하는 행위 대신 해결에 집중하는 것이 좋다. 우선 분노의 원인을 안팎에서 찾아

보는 것이다. 화가 나는 원인이 유년 시절의 상처 때문인지, 아니면 정말 싫어하는 말을 들었기 때문인지 자문해보자. 이때 나의 감정을 구체적으로 구분해보는 것이 좋다. '분노'로 표출되는 감정에는 억울함, 증오, 불쾌감과 같은 감정이 담겨 있다. 이를 들여다본 뒤 그 감정을 일으킨 외부 원인을 찾아보는 것이다. 화가 나는 이유가 상대방의 행동 때문인가, 아니면 엉망진창인 시스템 때문인가? 이렇게 원인을 찾은 뒤, 문제를 '해결'하는 방향으로 말을 시작하는 것이 좋다.

비난 대신 '행동'에 초점을 둔다

화를 낼 때는 상대를 비난하지 않도록 주의해야 한다. 비난은 대화로 해결할 길을 막는 주범이다. 잘못된 행동이 아니라 상대방 자체를 비난하면 감정을 먼저 건드리기 때문이다. 아무리 잘못을 했더라도 비난의 말을 들으면 방어 기제가 작동하기 마련이다. 인정하고 사과하겠다는 마음이 아니라 반발심이 앞서는 것이다. "네 말이 맞긴 한데, 말을 어떻게 그렇게 해?"처럼 애초의 원인은 뒷전이 되고 말투 때문에 2차 설전이 펼쳐질 수 있다. 불필요한 감정 소모가 이어지는 싸움이 되는 것이다.

"넌 시간 개념이 없는 것 같아."

⟶ "약속 시간에 매번 늦는 건 내 시간을 존중하지 않는다고 느껴져."

상대가 매번 늦어 화가 머리끝까지 났더라도 첫 번째 예시처럼 사람을 비난하는 말은 하지 말아야 한다. '약속 시간에 늦은 행위' 자체에 초점을 맞춰 말하면 불필요한 논쟁으로 이어지는 사태를 방지할 수 있다. 상대의 행동을 표현할 때는 있는 그대로 말하는 것이 좋다. 문제의 원인과 그로 인한 나의 피해, 감정을 전달하는 것이다.

화를 내다 보면 비꼬는 말투처럼 삐딱하게 말하려는 유혹을 받기 쉽다. "참 일찍도 다니네?"처럼 말이다. 그러나 이는 잘못한 사람에게 도리어 내가 사과를 해야 하는 빌미를 제공하기도 한다. 비꼬는 말투 때문에 감정이 상한 상대가 나에게 사과를 요구할 수 있기 때문이다. 분노의 원인이 상대의 행동이나 말, 상황일 때는 그에게 꼬리 잡힐 화법을 사용하지 않는 것이 현명하다.

협박, 강요 대신 '바람, 요구'

가족이나 친구처럼, 나와 가깝고 편한 상대일 경우 나도 모르

게 협박이나 강요의 말투를 사용할 때가 있다. 강요나 협박으로
는 해결에 초점을 맞추기가 어렵다. 이런 말투에는 상대를 통제
하려는 심리가 숨어 있다. 대화를 통한 해결이 아닌 일방적인 통
보의 말 때문에 상호 관계에서 권력이 형성되는 것이다. 이는 또
다른 정서적 폭력으로 이어질 수 있으니 특히 주의해야 한다.

> "한 번만 더 늦으면 어떻게 되는지 두고 보자."(협박)
> ➡ "다음번에는 늦지 않았으면 좋겠어. 더는 기다리기
> 힘들다."(바람)

> "너, 앞으로는 절대 내가 하는 말에 토 달지 마."(강요)
> ➡ "내 말은 다른 뜻인데 엉뚱한 방향으로 흘렀네. 원래
> 이야기로 돌아가자."(요구)

위의 예시처럼 협박이나 강요가 아닌 바람이나 요구의 말을
사용하면 평등한 관계를 유지하면서 의사를 전할 수 있다. 싸움
의 원인이 되거나 감정을 부정적으로 만든 행동에 대한 요구가
있어야 '해결'에 가까워지니, 이 부분에 특히 신경 쓰는 것이 좋
다. 올바른 요구의 말로 불편한 상황이 이어지지 않게 하면 소모
적인 싸움을 피할 수 있다.

후회를 부르는 극단적인 표현은 삼킨다

- "이럴 거면 헤어지자."
- "차라리 너를 안 보는 게 마음이 편하겠어."

화의 감정은 때때로 이렇게 극단적인 말로 표출되기도 한다. 그렇게 튀어나온 강한 말은 상황이 정리된 후에도 무의식 속에서 상대를 괴롭히는 무기가 될 수 있다. 초등학교 3학년 때, 종이접기 숙제를 깜빡하고 안 가져온 내게 선생님께서 "믿는 도끼에 발등 찍힌다더니"라고 했던 말이 아직도 기억난다. 이처럼 말로 받은 상처는 아무는 데 평생이 걸릴 수도 있다.

특히 인연과 관련된 극단적인 표현은 삼가는 것이 좋다. 순간의 화를 누르지 못해 진심이 아닌 말을 했더라도 상대는 이를 진심으로 받아들이고 실망하거나 마음을 정리할 수 있다. '이별', '절교' 같은 표현을 자주 쓰면 오히려 말의 무게가 가벼워지는 부작용도 있다. 자주 들을수록 상대는 점점 대수롭지 않게 생각할 수 있기 때문이다. 그러다 보면 강한 말에 면역이 생긴 상대를 자극하기 위해 수위가 더 센 폭력적인 표현까지 동원하게 될 수 있으니 조심하는 것이 좋다.

분노의 감정은 때로는 한 사람을, 그리고 때로는 인류를 발전시키는 연료가 된다. 세계적인 팝스타가 된 BTS를 키워낸 방시

혁 PD는 2019년 서울대학교 졸업식 연설에서 자신이 성공할 수 있었던 원동력이 '분노'라고 말했다. 상식적이지 않은 상황, 불공정한 관행, 성과에 대한 저평가 등에 대한 분노가 그를 움직이게 했다는 것이다. 또 역사상 부조리한 현실, 체제에 대한 분노는 인류를 꾸준히 자극해 발전으로 이끌었다. 분노가 부정적인 감정이지만 나쁘지만은 않은 이유다. 현실에 안주하고 편안하게 살아가려는 본성에 맞서 변화를 촉진하니 말이다.

나 자신, 타인, 관계에 대한 분노 역시 마찬가지다. 분노의 감정을 소모적으로 표출하는 데 그치지 않고 해결, 더 나아가 발전에 활용할 줄 아는 이는 다른 세상을 살아갈 가능성이 커진다. 아직도 세상은 바꾸어나갈 것, 더 나아질 것으로 가득 차 있다.

'차라리 내가 하고 말지' 하며
부탁을 하지 못한다면

"차라리 내가 하고 말지."

부탁이 어려워 혼자서 버거운 짐을 짊어진 적이 있는가? 거절이 두려워 애초에 부탁을 하지 않거나, 타인에게 부담을 주고 싶지 않아 아무리 힘들어도 혼자 견뎠던 상황 말이다. 부탁에 대한 이런 부담은 하위인간화infrahumanization라는 심리에서 비롯되기도 한다. 이는 타인이나 타 그룹이 나 또는 내가 속한 집단보다 덜 인간적이라고 느끼는 믿음을 뜻하는 심리학 용어다.

우리는 다른 사람들이 내 부탁을 귀찮아하거나 타인을 돕는 데는 관심이 없으리라고 지레짐작한다. 상대가 나보다 덜 인간적이라고 느끼는 것이다. 그런데 막상 어렵게 부탁을 해보면 상대가 내 생각만큼 부담스러워하거나 불편하다고 여기지 않는 경우도 있다.

우려와 달리 부탁은 오히려 관계를 인간적이고 돈독하게 만들기도 한다. 벤저민 프랭클린은 도움을 주고받는 것이 관계의 윤활유로 작용한다는 것을 잘 알고 적극적으로 활용했던 인물이다. 이를테면 정치적으로 적대 관계에 있던 사람에게 값비싼 책을 빌려달라는 편지를 보냄으로써 상대와 호의적인 관계를 만들었다. 작은 부탁을 통해 인간적인 관계의 다리를 놓은 뒤 호감을 쌓은 것이다. 이처럼 때로는 부탁이 관계에서 플러스 요소가 되기도 한다.

부탁과 요청은 혼자서는 하기 힘든 더 큰 규모의 일을 이루게 할 수 있다는 이점 또한 가지고 있다. 서로의 부탁을 들어주고 도와주는 관계 속에서 다양한 가능성이 자라난다. 그러니 꼭 필요한 부탁이 있다면 거절의 두려움을 무릅쓰고 말해보는 연습이 필요하다. 우려했던 것처럼 거절을 당하더라도 내 말투나 제안 내용에 문제가 없다면 거절을 '당했다'고 생각하는 대신, 상대도 어쩔 수 없는 상황 탓에 거절을 '했다'고 생각해보자. 이렇게 관점을 조금만 바꿔도 거절의 상황에 대한 부담을 줄일 수 있다.

요청 내용을 설명하고 상대의 상황을 확인한다

같은 부탁이라도 누군가의 요청은 흔쾌히 수락하게 되는 반면, 또 누군가의 요청은 수락하기 싫을 때가 있다. 그 대표적인 원인을 말투에서 찾을 수 있다. 말투는 태도가 드러나는 창이다. 부탁의 말을 할 때는 그에 걸맞은 태도와 예의를 갖춰야 한다. 특히 나이나 직급이 올라가면 자신도 모르게 부탁을 지시처럼 하는 실수를 범하곤 하는데, 이를 조심해야 한다. 상대가 어려운 상황임에도 명령조인 탓에 거절하지 못한다면, 업무의 효율이 저하될 뿐 아니라 직원의 개인적인 불만 역시 커져 리더십에 문제가 생길 수 있다.

- "이 과장님, 제가 내일 참석해야 하는 대표 회의 준비가 촉박해서 그러는데요. 이번 주까지 보고서를 모두 취합해야 하는데, 혹시 저 대신 해주실 수 있을까요?"
- "혹시 지금 시간 괜찮으세요? 탕비실에서 가져와야 할 것이 있는데 혼자 들기 무거운 거라, 함께 옮겨주실 수 있을까 해서요."

업무와 관련된 부탁일수록 이처럼 요청을 하게 된 이유와 내용을 구체적이고 명확하게 설명하는 것이 좋다. 충분히 설명한

다음 가능한지 물으면, 부탁을 받는 사람도 도움을 줄 방법을 더 진지하게 고민해보게 된다.

부탁을 할 때, 상대에게 미안한 마음이 앞서 부탁의 내용을 간단하고 모호하게 설명하는 것은 주의해야 한다. 모호한 표현이 쉬운 승낙으로 이어질 수는 있다. 하지만 만약 상대가 예상한 규모보다 부탁이 방대하거나 내용이 다를 경우, 진행에 문제가 생기거나 결과물이 달라지는 등 더 큰 문제가 발생할 수 있다. 따라서 요청의 내용, 마감 시한 등을 확실히 설명해주는 것이 좋다. 이는 상대를 배려하는 소통 방법으로, 나중에 더 미안해질 일을 피할 수 있다.

민감한 부탁일수록 '할 수 있는지'보다 '괜찮은지'를 묻는다

업무 협조와 같은 공적인 부탁이 아니라 사적인 부탁일 경우 상대에 따라 민감하게 받아들일 수 있다. 누군가는 흔쾌히 들어줄 만한 책을 빌려달라는 부탁이, 책을 깨끗이 소장하는 것을 중요시하는 사람에겐 머뭇거려질 수도 있는 것처럼 말이다. 이럴때는 '가능 여부'보다 요청에 따른 상대의 '감정'에 초점을 맞추는 것이 좋다. 물리적인 여건으로는 가능하지만 마음이 내키지 않을 수도 있기 때문이다.

> "내가 다음 주 주말에 이사를 하는데 혼자서는 좀 버거워
> 서…. 혹시 오전에 잠깐 시간 돼?"(가능 여부)
> ➡ "내가 다음 주 주말에 이사를 하는데 혹시 오전에 잠
> 깐 와서 도와주는 거, 괜찮을까? 쉬어야 할 주말에 이런
> 부탁을 해서 미안해. 어려우면 바로 이야기해줘."(감정, 상
> 대의 의지)

아무리 가까운 사이일지라도 쉬고 싶은 주말 오전에 이삿짐을
날라주는 건 달가운 일이 아닐 수 있다. 그래서 부탁을 하기 전에
상대의 감정이나 의사를 먼저 물어보는 것이다. 첫 번째 예시처
럼 시간이 되냐는 질문은 물리적인 가능 여부를 타진하는 것이
다. 상대가 시간은 되지만 부탁을 들어줄 결단이 바로 서지 않아
주저한다면 어색한 분위기가 만들어질 수 있다. 그에 비해 가능
여부가 아니라 감정에 대해 물으면, 상대에게 더 솔직한 대답을
끌어낼 수 있다.

상대의 대답은 질문하기에 달린 경우가 많다. 가능 여부를 물
었을 때와 달리, 부담이 되는지 또는 괜찮은지 감정을 물으면 이
답변이 먼저 나오기 때문에 상대의 마음을 더 빨리 파악할 수 있
다. 부탁을 하고 싶은데도 상대에게 부담이 될까 봐 우려돼 주저

한 경험이 많다면 '가능 여부'가 아닌 '감정'에 초점을 맞춰보자.

　'상호성의 법칙'은 호의를 받은 사람이 상대에게 다시 호의를 베푸는 것을 말한다. 이 법칙은 일상적으로 적용된다. 부탁에 앞서, 내가 평소 상대방에게 도움을 많이 주는 사람이었다면 상대방 역시 나를 도와줄 확률이 높다. 그러니 부탁을 하기 전 주저하게 된다면 먼저 상대와 나 사이의 평소 관계를 떠올려보자. 얼마나 많은 호의가 오갔는지, 관계의 깊이는 어떤지 고민해본 뒤 부탁의 무게와 대조해보는 것이다. 이렇게 생각하면, 내가 평소 상대에게 호의를 베풀어두는 것이 부탁에 설득력을 더하는 기본적인 방법임을 알 수 있다.

작은 부탁부터 큰 부탁까지
흔쾌히 들어주게 하는 전략

사이비 종교 포교 활동의 타깃이 된 적이 있는가? '도를 아십니까'에 걸려드는 건 순진하거나 나이가 어린 사람들일 거라고만 생각했던 내가 그들과 1시간 동안이나 대화를 나누고, 연락처까지 순순히 알려주었던 일화를 소개하고자 한다. YES를 끌어내는 부탁 전략의 아주 모범적인(?) 사례이기 때문이다.

취업 준비생 시절, 한 방송사의 공채 시험을 보고 나서 대형 서점에 들렀다. 시험을 망쳐 허탈한 마음을 책으로 달래고 싶어서였다. 하릴없이 서가를 기웃거리고 있는데, 한 학생이 말을 걸었다.

"언니, 그 옷 어디서 사셨어요? 딱 제 스타일이에요. 제가 지방에서 올라온 지 얼마 안 돼서 괜찮은 옷가게를 잘 모르는데, 혹시 알려주실 수 있어요?"

　지방에서 올라왔다는 말, 내가 좋아하는 쇼핑이라는 카테고리 등 모두 가벼운 소재들이었기에 거부감 없이 대답을 해주었다. 이후 그 친구는 자신이 어디서 왔는지, 어떤 공부를 하고 있는지 이야기를 이어갔다. 대화를 나누다 보니 시험 때문에 울적하던 마음이 조금 풀리는 듯했다. 이런저런 질문에 내가 아는 정보들을 스스럼없이 전해주었고, 친해지고 싶다며 종종 연락해도 되냐는 말에 흔쾌히 연락처까지 건네주었다.
　그 친구와 헤어진 뒤 취업 준비 코너로 이동했는데, 이번엔 또 다른 사람이 말을 걸었다. 자신도 취업 준비생이라면서 요즘 어떤 책이 좋은지 추천해달라고 했다. 나와 같은 처지라는 점에 동질감을 느낀 나는 순순히 대답을 해주었다. 취업과 관련된 대화를 가볍게 주고받다 보니 어느새 또 연락처를 넘겨주게 됐다. 이후 잡지 코너로 넘어갔을 때, 또 다른 대학생 둘이 말을 걸었다. 조금 이상하다고 느꼈지만, 시험 때문에 낙심한 터여서 '될 대로 돼라' 하는 마음으로 묻는 말에 대답을 이어갔다. 그들은 나에게 전공과 관련된 질문을 했고, 나는 졸업한 지 좀 된 선배 입장에서 자잘한 정보를 들려주었다. 그렇게 대답을 하다 보니 이번에도 어김없이 번호를 주게 됐다. 뭔가에 홀린 듯이 말이다.

그들을 보내고 이제 책 좀 보려고 하는데 또 다른 사람이 말을 걸었다. 슬슬 짜증이 나기 시작했다. 한마디 쏘아붙일까 하고 고개를 돌린 나에게 그가 이렇게 말했다.

"아까부터 지켜봤는데, 저 사람들 사이비예요. 조심하세요. 저도 예전에 여기서 같은 방식으로 당한 적이 있거든요. 처음엔 우연한 만남처럼 접근하는데, 나중에 알고 보니 사이비 종교 전도사들이더라고요."

머리를 크게 한 대 맞은 기분이었다. 감사하단 인사를 여러 번 하고 저장되어 있던 그들의 번호를 차단하기 위해 휴대폰을 열었다. 그때 받았던 충격이 아직도 생생하다. 서점의 각기 다른 코너에서 말을 걸었던 세 사람의 전화번호 뒷자리가 같았던 것이다. 대체 그들이 나에게 어떤 주문을 걸었기에, 나답지 않게 순순히 연락처를 건네준 걸까? 평소 '도를 아십니까'를 만나도 바쁘다며 지나치는 등 제대로 대응해준 적이 없었기 때문에 더욱더 놀라웠다. 나중에 가서야 이들이 사용한 심리 기술이 무엇인지 깨닫게 됐다.

문간에 발 들여놓기 전략

이 전략은 사이비 종교의 포교 활동뿐 아니라 영업, 판매, 마케팅에서도 자주 쓰인다. 비교적 부담이 적은 부탁을 받은 상대가 이후 더 큰 부탁도 자연스럽게 들어주게 되는 심리를 활용한 것이다. 이른바 '문간에 발 들여놓기 전략foot in the door technique'이라고 부른다. 상대가 집 문을 열었을 때 얼른 발을 걸쳐두면 문을 닫을 수 없는 것처럼, 거절하기 힘든 작은 부탁부터 시작해 점점 더 큰 부탁의 YES를 받아내는 전략이다.

> "이거 한번 드셔보세요. 맛없으면 안 사셔도 됩니다."
> "네, 먹을 만하네요."
> "가격 보세요. 오늘까지만 이렇게 할인하고 있어요. 내일부턴 정상가입니다."

솔깃하지 않은가? 시식 한번 해보라는 부탁을 들어주는 건 어려운 일이 아니다. 그런데 판매원의 이어지는 요청에 따라 가격을 보고 그의 이야기를 듣다 보면 어느새 손에는 시식했던 음식이 들려 있을 것이다. 자주 가는 옷가게를 알려주고 취업 관련 서적을 추천해주다 보니 자연스럽게 연락처를 넘겨주게 됐던 내 사례처럼 말이다. 가랑비 같은 작은 요청을 들어주다 보면 어느

새 상대의 부탁에 흠뻑 젖어 있는 자신을 발견하게 된다.

"딱 1분만 이 영상을 봐주시면 감사하겠습니다. 이후 아주
중요한 이야기를 이어가려고 합니다."

영업이나 판매뿐 아니라 설득이 중요한 프레젠테이션에서 상
대를 집중시키고 내 편으로 만드는 데에도 이 전략은 통한다. 짧
은 시간 영상을 보는 건 어렵지 않다. 그 1분짜리 영상으로 프레
젠테이션에 집중하도록 유도한 후 본격적인 주장을 하는 것이다.
이 방법은 특히 여러 경쟁자가 있는 상황이나 발표가 길어져 듣
는 사람의 주의가 흐트러지는 상황에서 유용하다.

이 전략을 연애에 아주 잘 활용하는 친구가 있었다. 부탁을 어
려워하는 나와 달리 그 친구는 관심 있는 상대에게 자잘한 부탁
을 많이 한다고 했다. 뭔가를 빌려달라는 가벼운 부탁부터 잠깐
가방을 들어달라거나 과제에 대해 알려달라거나 하는 식으로 소
소한 부탁을 이어가는 식이었다. 별것 아닌 것처럼 보이는 그 방
법으로 그 친구는 매번 연애를 시작하는 데 성공했다. 어쩌면 심
리학에 대한 나의 관심은 그때부터 시작됐는지도 모른다.

일단 발을 걸치면, 상대의 마음이 스르르 열린다.

면전에서 문 닫기 전략

첫 번째 거절이 다음번의 승낙으로 이어지는 경우가 많다. 큰 부탁을 거절하고 나면 다음의 작은 부탁은 받아들이려는 심리가 생기기 때문이다. 거절로 인해 불편해진 마음을 작은 요청을 들어줌으로써 해소하고 싶어지는 것이다. 이런 심리를 협상이나 설득에 활용하는 기법을 '면전에서 문 닫기 전략door in the face technique' 또는 '거절 후 양보 전략'이라고 부른다. 원래 요청하려는 부탁보다 조금 더 큰 부탁을 먼저 한 후, 상대가 거절하면 작은 부탁을 제시해 승낙을 얻어내는 방식이다.

거절을 당했더라도 낙심하지 말아야 하는 이유가 여기에 있다. 거절을 한 상대의 마음 한쪽에 미안한 마음이 아주 조금이라도 생긴다면 다음 부탁을 들어줄 가능성이 이전보다 커진다. 거절당할까 두려워 제안을 하지 않는 것보다는 한 번 거절을 당하는 것이 장기적으로는 유의미한 결과를 가져다줄 확률이 높다.

"고객님 스타일에는 A코스 추천드립니다. 가격은 25만 원이에요."

"음, 금액이 좀 부담되네요."

"그럼 B코스는 어떠세요? 10만 원인데 가성비가 좋아서 많은 고객님이 선호하십니다."

"좋아요. B코스로 할게요."

미용실에서 흔히 쓰는 전략이다. 주력 상품이 B코스이더라도 거절 후 양보 전략에 따라 가장 비싼 A코스를 먼저 추천하는 것이다. 상대가 A코스를 거절했을 때 상대적으로 저렴한 B코스를 다시 제시하면, 이번엔 받아들일 확률이 높다. B를 목표로 A를 먼저 제시할 때 생기는 또 다른 이익도 있다. 뜻밖에 고객이 A코스를 선택한다면 목표보다 더 큰 수입을 얻게 되는 것이다. 협상 자리에서 거절 후 양보 전략을 활용해 예상보다 높은 금액을 제시하는 것도 이런 이유에서다. 단, 첫 부탁이 이후의 부탁보다 터무니없이 크다면 효과가 미미해질 수 있으니 주의해야 한다.

우리는 실패를 거듭하는 과정에서 경험이라는 값진 자산을 얻는다. 실패가 두려워 아무것도 하지 않는 것보다는 부딪쳐보고 실패하는 것이 낫다. 부탁이나 요청을 거절당했다고 절망할 필요가 없다. 이제 상대방의 마음 안에 승낙의 초석을 깔아둔 셈이니 말이다.

냉랭한 상대의 팔짱을 풀게 하는
설득의 기술

일상에서 우리는 크고 작은 설득의 순간들을 마주한다. 그중 가장 어려운 순간은 상대가 냉랭한 태도를 보일 때다. 팔짱을 낀 채 심드렁한 표정으로 듣고 있는 상대를 보면, 말할 의욕이 절로 사라지고 만다. 하지만 그럼에도 설득을 해야만 하는 순간들이 있다. 면접이나 신규 프로젝트 제안은 물론 구매 의욕이 없어 보이는 고객, 마음에 들지만 나에겐 관심이 없어 보이는 소개팅 상대를 대할 때도 말이다.

프로그램 만드는 일을 해온 나는 누군가를 늘 설득해야 하는 입장이었다. 신규 기획으로 프로그램을 만들기 위해서는 가장 먼저 상사를, 회사를 설득해야 했다. 간신히 설득을 마쳐 프로그램이 제작된 후에는 가장 중요한 설득 대상이 기다리고 있다. 바로 대중이다. 지속성을 갖기 위해서는 프로그램 속 메시지나 재미 요소가 대중에게 먹혀야 한다. 눈에 보이지 않는 대중을 설득하는 건 지속적인 고민이 필요한 문제였다. 트렌드는 빠르게 변하고 대중의 니즈는 다양하기 때문이다. 특히 문제가 되는 건 프로그램이 잘 안 됐을 때다. 무엇이 부족한지 또는 아쉬운지 대중은 알려주지 않았다. 조회 수나 청취율, 문자나 댓글 수 같은 숫자로 반응을 보여주었을 뿐이다.

닫힌 귀를 여는 '이익' 제시

고민이 최고조에 이른 건, 유튜브 채널을 직접 운영하면서부터였다. 방송사의 인지도나 스타 출연진의 도움 없이 오롯이 나혼자의 힘으로 대중의 관심을 끌어야 했기 때문이다. 라디오와 짧은 뉴미디어 영상들을 만들 때와는 또 다른 설득의 기술이 필요했다. 말 그대로 1인 미디어에 맞게 기획과 제작부터 배너 문구, 섬네일, 홍보까지 모든 영역을 혼자 진행해야 했는데 그 모든 과정에서 설득을 고민해야 했다.

초창기의 채널 영상은 시청자가 원하는 것보다는 내가 사람들에게 알려주고 싶은 주제 위주였다. 채널은 1년간 구독자 1,000명을 간신히 모았다. 조금 더 본격적으로 꾸려가기 위해선 다른 접근이 필요했다. 이리저리 고민하며 채널을 키울 방법을 찾던 중, 한 앱을 알게 됐다. 검색어를 입력하면 검색의 빈도수와 경쟁 영상들의 개수를 검색해 키워드의 적합도를 알려주는 앱이었다. 그동안은 '감', '재미'로 접근했지만 이 앱을 알고 난 뒤에는 '수치적' 접근으로 영상을 만들기 시작했다.

몇 달이 지나자 구독자가 급격히 늘어났다. 1년간 간신히 1,000명을 모았던 〈희렌최널〉이 한 달 만에 구독자 10만 명을 모으며 급성장한 것이다. 특히 '매력적으로 말하는 법', '말 재밌게 하는 법'처럼 영상을 시청했을 때 돌아올 이익을 제목이나 섬네일로 뽑았을 때 반응이 좋았다. 가려운 곳을 긁어주고, 불편한 것을 해결해준다는 점이 수많은 영상 속에서 내 영상을 봐야 하는 이유가 된 것이다.

누구에게나 크고 작은 고민이 있다. 어렵고 냉랭한 상대일수록 사전 조사를 통해 그 사람의 고민을 파악해두는 것이 좋다. 그 안에 설득의 힌트가 숨어 있기 때문이다. 상대가 느끼는 불편함, 고민을 정확히 짚어내고 해결해줄 방법을 서두에 제시하면 닫혀 있던 귀가 열릴 가능성이 매우 커진다. 면접을 보는 상황이라면 회사가 현재 고민하는 문제가 무엇인지, 관심을 갖고 키우려는 사업이 무엇인지 미리 파악한 뒤 그에 맞는 인재라는 점을 어필하는 것이 좋다. 무심하게 앉아 있던 면접관의 귀가 쫑긋해질 것이다.

- "혹시 ~하신가요?"
- "~라면요?"

몇십만에서 몇백만을 기록하며 유독 많은 관심을 받은 내 영상의 인트로에는 이런 식의 멘트가 많다. 사람들의 고민이나 필요를 상기시키는 멘트를 하고 나면 시청자의 귀가 열리고, 이후의 이야기가 궁금해 시청을 지속할 확률이 더욱 높아진다. 기억하자. 사람은 누구나 자신의 이익에 관심이 많다.

팔짱을 풀게 하는 '우리' 화법

상대가 나를 설득하려 한다고 느끼면, 팔짱을 끼거나 고개를 돌리는 식으로 자기도 모르게 방어적 입장을 취하게 된다. 호락호락해 보이고 싶지 않기 때문이다. 서로 신뢰가 쌓이기 전이라면 경계심을 보이는 것이 어찌 보면 당연한 일이기도 하다. 그러므로 아직 나에게 호의적이지 않은 상대를 설득할 때는 그에게서 이득을 취하려는 사람, 손해를 입히는 사람처럼 비치지 않도록 특히 주의해야 한다.

이때 좋은 방법이 바로 '우리' 화법이다. '그 문제에 대해 나도 고민해봤다', '그 물건을 나도 써봤는데 정말 좋았다'처럼 공통의 관심사를 강조하는 것이다. 구매자 앞에 선 판매자, 팀원에게 이야기하는 팀장, 구직자를 대하는 고용자의 역할이 아닌 같은 욕구와 과제를 지닌 사람으로서의 동질감을 형성해 경계심을 누그러뜨리는 방법이다. 홈쇼핑의 쇼호스트들이 물건을 직접 써보고 얼마나 좋은지 입이 닳도록 극찬하면 구매율이 올라가듯이 말이다. 나도 자동차를 구매할 때 비슷한 경험을 했다. 셀러가 내가 관심을 보이는 차에 대해 자기도 이 차를 타고 있으며 정말 좋아서 주변에 자주 추천한다고 이야기했을 때 더 신뢰가 가서 그 차를 구매했다.

프로그램 기획에 대한 발표라면, 본론으로 들어가기에 앞서 이 기획이 팀원으로서 짊어지고 있는 공통의 과제에 대한 고민에서 출발했다는 사실을 먼저 언급하는 것이 좋다. 그러면 팀의 발전에 대해 고심하고 있을 팀장이나 팀원들 모두 좀 더 관심을 가지고 다음 이야기를 듣게 된다.

"우리 팀의 최대 과제인 히트 콘텐츠를 기획하기에 앞서, 현재 타깃 연령층에 공감이 가면서도 그동안 본 적이 없는 신선한 콘텐츠로는 어떤 것들이 있을지 저도 고민해봤습니다."

'우리'를 상기시키는 말에는 또 다른 장점이 있다. 내가 아닌 상대의 이익에 맞춰 말의 틀을 잡아갈 수 있다는 것이다. 설득의 단계에서 자신도 모르게 상대가 아닌 내가 강조하고 싶은 것이나 내 위주의 말을 하는 실수를 범하기 쉬운데, '우리'라는 틀에서 생각하면 이를 방지할 수 있다.

마음을 여는 '이야기'의 힘

TV 광고를 무심히 흘려 보는 편인데 가끔은 오랫동안 기억에 남는 것들도 있다. 바로 광고에 '이야기'가 들어갈 때다. 30초짜리 광고들이 정신없이 지나가는 와중에도 따뜻한 이야기는 가슴에 남는다. 해당 브랜드의 이미지도 덩달아 좋아진다. 겨울 하면 떠오르는 핫초코 '미떼'의 광고에는 핫초코와 관련된 귀여운 아이와 아빠, 가족의 이야기가 시리즈로 등장했다. 한 편의 짤막한 드라마 같은 미떼 광고에 웃음 짓고 나면 마트에서 발견한 미떼에 자연스레 지갑을 열게 된다.

라디오 프로그램의 꽃으로 불리는 오프닝 역시 마찬가지다. 이야기로 사람들의 마음을 열면서 프로그램이 시작된다. 짤막한 에피소드, 몰랐던 정보에 대한 고찰처럼 1분 남짓한 DJ의 이야기, 이어지는 음악을 듣고 나면 마음이 어느새 프로그램으로 향해 있다. 이후 1~2시간이라는 긴 시간 동안 청취자의 마음을 잡아두는 요소 역시, 나와 비슷한 평범한 사람들이 보낸 재미있고 따뜻한 사연이다.

이처럼 이야기의 힘은 자연스럽게 사람을 설득한다는 데 있다. 좋은 이야기 한 편은 긴 설명보다 더 깊이 마음을 움직일 수 있다. 머리론 이해가 가지 않았던 사실, 무관심했던 주제들도 이야기 한 편을 듣고 나면 더 쉽게 공감이 된다.

"니모는 바닷속에 살고 있는 물고기입니다. 그런데 어느 날! 니모의 가족들이 하나둘 병으로 세상을 떠나요. 그 이유는 바로, 그동안 먹이인 줄 알고 먹었던 미세 플라스틱, 빨대들 때문이었습니다. 니모는 그렇게 외로운 중년이 됩니다. 2050년, 니모에게 새로운 위기가 닥칩니다. 니모가 살던 바다가 물고기 친구들이 아닌 이상한 물체들로 가득찬 것입니다. 니모가 헤엄칠 때 곁을 유유히 떠다니던 정체 모를 물체들. 그것은 우리가 2021년에 버린 빨대와 플라스틱이었습니다. 이 상태로 2050년이 되면, 바다에 물고기보다 더 많은 플라스틱이 존재할 거라고 하네요."

환경 문제에 관심이 없더라도 이렇게 이야기가 담긴 설명을 들으면 현재 처해 있는 환경 오염 문제가 어느 정도 심각한지 좀더 체감하게 된다. 막연히 플라스틱 빨대를 줄이고 환경을 생각하자는 말을 들을 때와는 다른 마음이 된다. 이것이 바로 마음을 움직이는 이야기의 힘이다.

주장과 관련된 나의 이야기가 있다면, 설득의 자리에서 써먹자. 상황과 맞는 자신의 이야기는 상대가 느끼는 정서적 거리를 줄여주며, 긴 설명이나 수치보다 더 깊은 공감을 부른다. 설득하려는 상대가 무관심하고 냉랭해 보일수록 흥미로운 이야기로 마음을 열어보자.

거절이 어려워
끌려다니고 있다면

그녀의 거절에 나는 자존심이 상했다.

국립국어원의 표준국어대사전에서 '거절'을 검색하면 제일 먼저 뜨는 예시다. 거절의 상황을 떠올리기만 해도 자존심의 문제, 불편함, 미안한 마음이 먼저 떠오르는 것처럼 거절과 감정은 떼어놓기 쉽지 않은 관계다. 거절의 방법에 따라 이후 관계에 적신호가 켜질 수도 있다. '아니요'보다 '예'가 더 익숙한 우리 문화에서 '아니요'라고 말하려면 더 많은 에너지와 용기가 필요하다.

그럼에도 거절은 건강한 관계를 만드는 데 필수적인 표현이다. 나의 상황을 고려하지 않고 타인의 부탁을 모두 들어주다 보면 정작 중요한 내 일을 놓치고 중심을 잃기 쉽다. 나 역시 이런 경험을 한 적이 있다. 신입 사원 시절, 회사의 기대에 부응하고 싶어 크고 작은 요청을 모두 수락했다가 결국 어느 것 하나 제대로 이루어내지 못했다. 그 시절 크게 곤란한 상황에 처한 이후, 거절을 잘하는 것이야말로 전문가다운 소통 능력이라는 것을 깨닫게 됐다.

업무 외적으로도 마찬가지다. '예스맨'이 '좋은 사람'인 것은 아니다. 모두의 요청과 부탁에 응하다 보면 정작 더 집중해야 할 소중한 사람들, 나만의 목표에 소홀해지기 쉽다. 자신이 원하는 삶을 사는 사람들은 대개 선택과 집중이 얼마나 중요한지를 잘 알고 있다.

만약 거절이 어려워 누군가에게 끌려다닌 적이 있다면 상대의 기분을 상하지 않게 하면서 부드럽게 나의 의사를 전하는 방법을 익혀두자.

거절은 부탁의 종류에 따라 크게 세 가지로 나눌 수 있다. 거절을 할 수밖에 없거나 해야 하는 부탁, 당장 대답하기 곤란한 부탁, 그리고 미안한 기색 없이 책임을 전가하거나 은근슬쩍 일을 떠넘기려고 하는 부탁 같지 않은 부탁이다. 다음은 각각의 상황에 따른 3단계 대처법이다.

거절할 수밖에 없는 부탁일 때

1단계: 상황에 공감한다

금전 문제처럼 상대의 요청이 자칫 관계에 악영향을 미칠 우려가 있는 것이거나 나의 가치관에 어긋나 들어줄 수 없는 사안이라면 거절하는 것이 좋다. 물리적·정신적으로 요청을 들어줄 상황이 되지 않을 때도 마찬가지다. 민감한 부탁일수록 서로의 감정이 상하지 않게 부드럽게 거절하는 것이 핵심이다. 상대 역시 어렵게 꺼낸 이야기일 수 있기 때문이다. 이럴 땐 거절당할 각오를 하고서도 부탁을 할 수밖에 없었던 상대의 상황에 대한 공감의 말을 먼저 꺼내는 것이 좋다.

"일이 그렇게 됐구나. 수습하려면 정말 큰돈이 필요하겠다."

2단계: 입장을 이해했음을 전한다

상황을 공감했다면 다음은 상대의 입장에 대한 이해의 말을 꺼낼 차례다. 어렵게 부탁을 할 수밖에 없었으리라는 점을 충분히 알고 있다고 알려주는 것이다. 이해의 말을 먼저 꺼내면, 거절을 하더라도 불필요하게 감정의 영역을 건드리는 것을 방지할 수 있다. 긍정적인 이야기를 먼저 꺼내, 이어지는 거절의 이유를 부드럽게 설명할 수 있는 분위기를 형성하는 단계다.

> "이렇게 전화하기가 쉽지 않았을 텐데. 얼마나 당황스럽
> 고 힘들지 이해가 돼."

3단계: 거절의 상황을 설명한다

이해의 말 다음에는 마음과 다르게 거절할 수밖에 없음을 설명한다. 여기서 핵심은 상대의 부탁을 거절하는 것이지 상대를 거절하는 것이 아니라는 표현을 충분히 해두는 것이다. 이때 '미안하다'라는 말을 하는 것도 도움이 된다. 어렵게 부탁을 했고 상황에 공감했음에도 도움을 줄 수 없는 것에 대한 미안함을 표시하는 것이다.

> "마음 같아서는 나도 도와주고 싶은데, 사실 월급쟁이다
> 보니 형편이 빤해. 빌려줄 수 있는 여윳돈이 없어서 미
> 안해."

당장 대답하기 어렵거나
들어주기 곤란한 부탁일 때

1단계: 대답을 보류한다

섣불리 대답했다가 후회하게 되는 부탁도 있다. 생각할 시간
이 필요한 제안, 거절을 하고 싶은데 마땅한 대답이 떠오르지 않
는 요청이 그렇다. 이럴 때는 보류의 말을 꺼내 고민할 시간을 벌
어두는 것이 좋다. 당장 결정할 수 없는 상황임을 상대에게 알리
는 것이다. 그러면 부탁의 결정에 대한 주도권을 내가 갖게 된다.
시간에 쫓기지 않는 선택으로 상대에게 휩쓸리지 않고 나의 속도
를 유지하는 데 꼭 필요한 단계다. 이때 언제까지 대답하겠다고
기한을 말해주면 상대도 계속 기다리지 않아도 되기에 무리 없이
받아들이게 된다.

- "오, 그렇구나. 하루만 생각해볼게!"
- "제안 주신 내용은 확인 후 이틀 내로 회신 드리겠습니다."

2단계: 나의 가치관과 생각을 이야기한다

금전 문제처럼 거절을 해야 하는 부탁은 아니지만 나의 기준
이나 생활 패턴과 맞지 않아 거절해야 하는 부탁도 있다. 이런 경
우 상대가 이해할 수 있도록 나의 가치관이나 생각을 솔직하게

표현해 선을 긋는 것이 좋다. 사람마다 좋고 싫음이 다를 수 있기 때문에 구체적으로 부드럽게 설명하면 감정이 상하는 것을 방지할 수 있다.

> "사실 내가 옷 관리에 조금 예민하거든…. 다른 건 얼마든지 빌려줄 수 있는데 옷만큼은 좀 스트레스 받더라고. 가족에게도 마찬가지라 동생이랑 맨날 싸웠어. 정말 미안해."

3단계: 대안을 제시하고 다음을 기약한다

양보할 수 없는 분야의 부탁도 있지만 도움을 줄 수 있는 분야도 있다. 특히 어쩔 수 없이 거절하는 경우라면 상대에게 들어줄 수 있는 다른 대안을 제시하거나, 이번이 아닌 다음번을 기약하는 표현을 잇는 것이 좋다. 형식적인 대안이나 기약일지라도 단호한 거절에 비하면 상대에 대한 최소한의 배려가 느껴지기 때문이다.

- "옷은 내가 좀 예민한데, 혹시 액세서리나 다른 소품은 어때? 얼마든지 빌려줄 수 있어!"
- "이번 분기에는 함께하기 어렵지만, 다음에도 제안이 유효하다면 긍정적으로 협업을 검토해보고 싶습니다."

부탁 같지 않은 부탁일 때

1단계: 부탁의 내용을 확인한다

부탁의 가면을 쓴 강요나 떠넘김, 부당한 요청도 있다. 또 부탁임에도 무례한 말투로 기분을 상하게 하는 사람들도 있다. 이런 부탁을 들어주면 내가 억울해지거나 일을 해주고 나서도 좋은 소리를 못 듣는 불상사가 발생할 수 있다. 그러므로 부탁 같지 않은 부탁에는 조금 단호하고 확실한 거절 표현이 필요하다. 먼저 확실한 거절을 하기 위해서는 마감 시한이나 구체적인 요청 사항처럼 부탁의 내용을 확인해야 한다. 내용을 파악하면 그에 맞게 거절의 이유를 촘촘히 댈 수 있다.

> "일 별로 없지? 이 보고서 좀 완성해줄 수 있어? 사진 찾아서 조사한 다음에 그래프랑 표 만들어서 주면 돼."
> "사진 찾기, 조사하기, 그래프와 표 만들기를 하면 되나요? 기한은 언제까지인가요?"

2단계: 상황을 구체적으로 설명한다

부탁의 내용을 확실하게 확인했다면 그에 맞게 거절의 상황을 구체적으로 설명할 차례다. 이때는 친절하지만 단호하고 자세할수록 반박의 여지를 줄일 수 있다. 곤란해하거나 지나치게 친절할 필요도 없다. 객관적인 사실만 부드러운 말투로 명확하게 설명하는 것이다. 나의 시간이나 재화를 당연시하는 상대일수록 거절에 감정을 싣지 않는 것이 좋다.

> "그렇군요. 제가 지금 하고 있는 업무가 내일 오후에 끝날 예정이에요. 그러니 말씀하신 내일 오전까지는 물리적으로 도저히 안 되겠네요. 시간을 뺄 수가 없어요."

3단계: '미안하다' 대신 '아쉽다'로 마무리한다

민감한 부탁을 한 이에게 '미안하다'라고 표현했던 것과 달리 나에 대한 미안함이나 고마움이 없는 부탁에는 '아쉽다'라는 형식적인 표현으로 감정적인 거리를 두는 것이 좋다. 미안함은 더 깊은 감정에서 우러나오는 말이다. 반면 아쉽다는 표현은 부탁을 이행할 의무가 없는 사람이 할 수 있는 말이다. 즉, 예의상 할 수 있는 표현이다.

> "도와드리면 좋겠지만, 저도 지금으로선 어려운 상황이라 아쉽습니다."

만약 거절이 유독 어렵다면, 내 안의 어떤 마음이 거절을 어렵게 하는지 들여다보는 것이 좋다. 모두에게 착한 사람으로 남기 위해 나를 지나치게 억압하는 '착한 아이 콤플렉스'가 있다면 나의 감정에 조금 더 귀를 기울이는 연습을 해보자. 어떤 마음이 부탁을 들어주고도 나를 힘들게 하는지, 타인의 부탁을 들어주면서 왜 행복하지 않은지 자신에게 질문해보는 것이다. 그런 의미에서도 거절은 관계 속에서 나의 중심을 잡는 건강한 '부정' 표현의 출발점이다.

떨려도 안 떨리는 것처럼

라디오와 유튜브를 통해 말하는 일을 꾸준히 해왔지만 생방송은 아직도 조금 긴장이 된다. 녹화 방송과 달리 편집이 불가능하다 보니 실수조차 생생하게 송출되기 때문이다. 게다가 말하면서 청중의 반응을 눈으로 확인할 수도 없고 소리도 들을 수 없어 공백을 혼자 부지런히 채워나가야 한다. 특히 PD에서 갑작스럽게 프로그램 진행자가 됐던 시절, 이런 압박은 더욱 심했다. 생방송 중 조금이라도 실수를 하는 내 모습을 용납할 수가 없었다. 그렇게 부담을 안고 방송을 하다 보니 편안할 리가 없었다. 듣는 사람이 편안해야 하는 라디오 방송인데 말이다.

그런데 다른 방송을 모니터링하던 중 생각이 전환되는 순간을 맞았다. 유명 진행자의 생방송 실수를 듣게 된 것이다. 프로는 절대 실수를 하지 않는다고 믿었던 나의 고정관념과 달리, 다른 진행자들 역시 멘트 실수를 할 때가 있었다. 그리고 깨달았다. 내가 귀 기울여 듣기 전에는 그들의 실수가 들리지 않았다는 사실을. 청취자는 말의 내용이 틀렸는지 맞았는지 세세한 부분까지 귀를 기울이며 진행 능력을 판단하고 방송을 선택하는 게 아니었다. 그보다는 진행자의 목소리, 말투, 전달하려는 느낌과 같은 언어 외적 요소에 더 큰 영향을 받았다. 그렇다면 나 역시 실수를 두려워할 것이 아니라 원고를 잘못 읽었더라도 그 즉시 정정하고 자연스럽게 넘어가면 될 일이었다.

앞에서도 언급했던 메라비언의 법칙에 따르면 말의 내용과 같은 언어적 요소는 듣는 이에게 7%의 영향을 미치는 반면, 시각은 55%, 청각은 38%로 화자의 이미지를 형성하는 데 압도적인 비중을 차지한다. 이 법칙을 적용하면, 내가 타 방송의 진행자가 실수를 했음에도 말을 잘한다고 생각했던 이유가 설명된다. 책을 읽듯 한 치의 오차도 없이 정확하게 전달하기 때문이 아니라 진행자의 목소리 톤, 말투와 같은 언어 외적 요소가 이미지를 만드는 데 중요한 역할을 한 것이다.

발표를 할 때나 면접을 볼 때처럼 여러 사람 앞에서 말해야 하는 상황도 마찬가지다. 실수하지 않고 논리적으로 완벽하게 말하고자 하는 부담을 내려놓아도 된다. 청자는 나의 용모, 이미지, 목소리, 말투와 같은 93%의 언어 외적 요소로 호감도를 형성하니 말이다. 따라서 실수 없이 말하기 위해 전전긍긍하기보다 청자에게 가장 크게 영향을 미치는 비언어적 기술을 익혀두는 것이 좋다. 다음은 떨려도 안 떨리는 것처럼 보이는 몇 가지 비언어적 스킬이다. 간단하지만, 당황하거나 긴장되는 순간 빠르게 뛰는 심장을 진정시키는 데 도움이 될 것이다.

시선이 안정되면 떨림도 안정된다

당당한 눈빛으로 청자를 바라보며 말하는 화자에게 나도 모르게 압도된 경험이 있는가? 스피치에서 시선 처리는 매우 중요하다. 긴장한 상황에서도 시선 처리가 안정되어 있다면 상대는 내가 떨고 있다는 사실을 눈치채지 못한다. 스피치 경험이 많지 않은 사람일수록 관중이 많아지면 긴장하게 되는데, 특히 시선을 어디에 둬야 할지 몰라 갈팡질팡하기 쉽다. 한 사람만 뚫어지게 보거나, 이 사람 저 사람 부지런히 시선을 옮기거나, 그냥 허공을 보며 말하기도 한다. 시선이 불안하다 보니 떨림이 더욱 심해지고, 보는 사람에게도 화자의 긴장감이 그대로 전해진다.

안정된 시선 처리로 스피치의 효과를 높여보자. 우선 말을 할 때 눈앞의 공간을 좌, 우, 중간으로 나눈다. 규모에 따라 더 세분화해 다섯 구간으로 나눠도 좋다. 그중 한 구간의 청자를 약 5초

정도 바라보고 천천히 다음 구간으로 시선을 옮기는 것이다. 시선이 한 사람에게 지나치게 고정되어 있으면 그 사람이 부담을 느낄뿐더러 나머지 청자의 집중력이 떨어질 수 있다. 적당한 타이밍에 시선을 이동해주는 것이 청자와 말하며 호흡하는 언어 외적인 소통 방법이다.

떨리는 상황을 이겨내는 팁이 하나 더 있다. 특히 잘 들어주는, 호응이 좋은 청자 위주로 시선 처리를 하는 것이다. 말을 할 때는 무의식적으로 상대의 반응에 영향을 받기 때문이다. 말하는 동안 심드렁한 표정을 보면 불안감이 가중될 수 있다. 반대로 고개를 끄덕이는 것처럼 호응이 좋은 화자를 보면 떨리는 마음이 점점 안정되고 자신감이 생겨난다. 이때 역시 한 사람만 쳐다보는 것은 부담을 줄 수 있으니 적절히 시선 전환을 해줘야 한다는 점을 잊지 말자.

천천히, 크게 말한다

말은 감정을 드러내는 창이지만 그 반대로도 이야기할 수 있다. 즉, 어떻게 말하느냐에 따라 감정이 반응하기도 한다. 웃으면 기분이 좋아지는 것과 같은 원리다. 말을 빨리하다 보면 호흡도 가빠진다. 게다가 말을 빨리하다 보면 발음이 꼬이는 등 실수할 확률이 높아진다. 그러면 듣는 사람도 불안해진다. 따라서 떨리는 상황일수록 의식적으로 말을 조금 천천히 하는 것이 좋다. 나도 모르게 말이 점점 빨라진다고 느낄 때는 브레이크를 걸어주자. 말의 속도를 늦추면 빨랐던 심장 박동도 점점 제 속도를 찾아간다.

떨리는 순간 말이 빨라져 심장 박동까지 느껴진다면 심호흡을 하는 방법도 효과적이다. 예컨대 프레젠테이션이라면, 페이지를 넘기는 타이밍에 맞춰 마이크를 멀리한 상태로 심호흡을 한 번 하는 것이다. 숨을 크게 들이마신 뒤 천천히 호흡하면, 긴장 탓에 굳어져 있던 몸이 조금 이완된다. 이런 상태에서 속도를 늦춰 편안한 상태와 같이 말하면 된다. 긴장을 했더라도 빨리 말하는 사람보다 천천히 호흡하며 말하는 사람이 덜 긴장되어 보인다.

마지막으로, 긴장이 된다면 어깨를 펴고 당당한 자세로 목소리를 더 크게 내보자. 떨릴수록 더 당당한 태도를 연출하는 것이다. '자기 충족 예언self-fulfillment prophecy'은 자신이 예언하고 바라는 일이 현실에서 이루어지는 현상을 말한다. 이른바 '그런 척하면 그렇게 된다'라는 의미의 심리학 용어다. 떨릴수록 그렇지 않은 척, 더 자신감 있어 보이는 자세와 목소리로 청중과 자기 자신을 긍정적인 방향으로 속이는 것이다. 자세는 생각보다 더 큰 힘이 있다. 책을 잠깐 덮어놓고 어깨를 펴고 당당한 자세로 앉아보자. 구부정한 자세와는 다른 활력이 느껴지지 않는가.

그럼에도 불구하고
계속 떨린다면

호흡에 대한 이야기를 잠깐이라도 듣고 나면 생기는 재미있는 현상이 있다. 자동으로 쉬던 숨이 어느 순간 의식되고 신경이 쓰이는 것이다. 지금 이 글을 읽으면서 들숨과 날숨이 신경 쓰이는가? 광고 심리학에선 이를 '지각의 선택성'이라고 한다. 인간은 같은 정보를 접해도 자신의 필요나 관심의 정도에 따라 각각 다른 부분에 집중한다. 정보를 처리하는 용량과 시간이 제한되어 있기 때문이다.

이런 지각의 특성을 스피치 상황에 적용하면 떨리던 가슴이 조금씩 진정되는 경험을 할 수 있다. 즉, 마음을 차분하게 해주는 유리한 감각으로 주의를 돌리는 것이다. 내가 무엇을 느낄지 또는 어떻게 행동할지를 몸이 자동으로 선택하게 두는 대신, 의지로써 감각을 통제하면 떨리는 상황도 극복할 수 있다. 앞서 소개한 방법을 적용해보고 발표 경험이 어느 정도 쌓였음에도 긴장이 가시지 않는다면, 다음의 세 가지 방법을 써보자.

"떨린다"가 아니라 "신난다!"라고 외친다

많은 사람 앞에만 서면 심장이 두근거리는가? 이를 극복하게 해줄 실험 하나를 소개한다. 하버드 경영대학원의 앨리슨 우드 브룩스 교수의 불안에 관한 실험이다. 브룩스 교수는 대학생을 두 집단으로 나눠 노래 부르기를 시켰다. 이때 프로그램을 사용하여 음량, 음감, 박자를 체크해 어느 그룹이 더 노래를 잘하는지를 측정했다. 여기서 핵심은 노래를 하기 전 두 그룹이 외친 말이다. 한 그룹은 "떨린다!"를, 다른 그룹은 "신난다!"를 외친 후 노래를 시작했다. 측정 결과는 놀라웠다. '떨린다'라고 외친 팀이 53%의 정확도를 보인 데 비해 '신난다'라고 외친 팀은 훨씬 더 높은 80%의 정확도를 기록한 것이다.

이 실험을 통해 감정을 긍정적으로 바꿔 인식하는 것만으로도 그렇지 않은 상황에 비해 긍정적인 결과가 나타날 확률이 높아진다는 사실을 알 수 있다. 면접이나 프레젠테이션처럼 긴장되는 상황에서 말해야 할 때도 마찬가지다. '긴장된다', '떨린다'와 같이 부정적인 감정이 아니라 '신난다', '설렌다'처럼 발표에 유리한 감정으로 바꾸어보면 말을 통해 원하는 결과를 얻어낼 가능성을 높일 수 있다. 이를 '정서 명명하기affect labeling'라고 한다. 정서를 긍정적으로 명명하고 나면, 앞서 이야기한 지각의 선택성에 의해 부정적인 감정 대신 긍정적인 감정에 더 집중하게 된다.

- '가고 싶은 회사의 면접을 보려니 설레서 심장이 뛰네.'
- '역시 많은 사람 앞에 서니 흥분되는군. 그러고 보면 나도 좀 관종인가 봐.'

이렇게 생각을 전환한 뒤 그 생각에 집중해보자. 많은 사람 앞에 섰다는 두려움보다는 설레거나 흥분되는 감정을 더 느끼게 될 것이다. 신체의 반응은 쉽게 통제할 수 없지만, 떠오르는 감정에 다른 이름을 붙이는 일은 쉽게 할 수 있다. 많은 사람 앞에 섰을 때 긴장 때문에 실수하거나 기량을 충분히 발휘하지 못했던 경험이 많다면 말을 시작하기 전 스스로 되뇌어보자.

'오늘도 어김없이 설레는 걸 보니 좋은 결과를 얻겠는걸?'

사람이 아닌 내용에 집중한다

달변가가 아닌 이상, 다양한 청중의 반응에 신경 쓰다 보면 자기만의 속도가 무너지게 된다. 반응이 좋으면 다행이지만 관중이 심드렁한 반응을 보일 때는 더 그렇다. 내내 평온했는데, 청중의 반응 탓에 갑자기 가슴이 뛰게 되기도 한다. 이때 문제점을 나에게서 찾으면 집중력이 흐트러진다. '내 말이 지루한가? 설득력이 없나?' 하고 생각하는 사이 자신감 있고 몰입감 있는 말하기에서 멀어지는 것이다. 말하는 사람이 자기 말에 집중하지 못하면 청자는 이를 빠르게 눈치챈다.

모든 사람이 나를 좋아할 수 없듯, 모든 사람을 만족시키는 스피치 역시 불가능하다는 사실을 기억하자. 비교적 자극이 적은 주제로 커뮤니케이션, 자기계발, 관계에 대해 말하고 글로 전하는 내 채널에도 항상 일정 비율의 '싫어요'가 달린다. 심지어 아름다운 자연이 나오는 영상, 아기나 강아지 영상에도 '싫어요'는 꼭 있다. 그러니 나의 스피치를 좋아해주는 사람, 설득이 되는 사람에게 집중해 내가 잘하는 것을 이어가는 수밖에 없다. 눈앞의 면접관이나 청중 역시 마찬가지다. 그 사람의 반응이 심드렁한 이유가 단지 어젯밤 수면이 부족해서일 수도 있고 화장실을 가고 싶어서일 수도 있는 것처럼, 사람마다 아주 다양한 이유와 변수가 존재하기 마련이다. 모든 사람을 만족시키겠다는 생각보다는 부정적인 청중의 반응이 당연히 존재할 수 있다는 사실을 기억한 뒤, 신경이 쓰이는 부정적인 반응으로부터 감정을 분리하는 것이 더 이롭다.

이럴 때 내가 자주 쓰는 방법이 있다. 심드렁한 표정의 청중으로부터 시선을 멀리하고, 발표하는 '내용'에 집중한다. 내가 준비한 참신하고 획기적인 제안, 설득력 있는 내용에 힘을 주어 설명하거나 중요한 '키워드'에 집중하는 것이다. 예컨대 프레젠테이션이라면, 잠시 청중으로부터 시선을 거두고 준비한 PPT 화면 속 자료 사진을 바라보자. 시선을 잠시 돌리고 키워드에 집중하면 청중 때문에 주의가 흐트러지는 것을 막을 수 있다.

마음이 편해졌다면 다시 청중과 교류하면서 말하는 것이 좋다. 앞서 메라비언의 법칙을 소개했듯이, 사람들은 언어 외적인 요소에 더 많은 영향을 받기 때문이다. 이처럼 잠시 시선을 거두는 방법은 교감 없이 딱딱하고 지루하기만 한 스피치가 되지 않도록 해주고, 갑작스레 주의가 흐트러지거나 떨리는 상황에서 자기 속도를 찾게 해준다.

그래도 떨린다면, 솔직하게 고백한다

모든 방법을 동원해도 떨림이 진정되지 않는다면 마지막 방법을 써보자. 발표를 하다가 그냥 떨린다고 말해보는 것이다. 사람들은 완벽한 사람이 아니라 어딘가 빈틈이 있는 사람에게 매력을 느낀다. 게다가 많은 사람 앞에 섰을 때 긴장했던 경험은 누구에게나 있다. 그러므로 발표자가 솔직하게 떨린다고 말하면 청중이 동질감을 느껴 더 귀를 기울이게 된다. 때로는 솔직함이 최고의 무기다.

나도 이 방법을 사용한 적이 있다. 라디오 프로그램을 만들 때, 예산 절감을 위해 퀴즈를 내는 출제자의 역할로 목소리 출연을 하곤 했다. 어느 날 학창 시절부터 좋아했던 스타들이 출연했는데, 설렘을 넘어 내 심장 소리가 마이크를 통해 전해질 정도로 빠르게 뛰는 게 느껴졌다. 그래서 그냥 솔직하게 고백을 하고 시작했다. 예전부터 팬이었는데 이렇게 함께 방송을 하게 되어 영광이고 매우 떨린다고 말이다.

신기하게도 솔직하게 고백하고 나니 떨림이 점점 잦아들었다. 상대방이 웃음으로 화답해 분위기가 부드러워졌고, 이는 또 다른 효과를 가져다주었다. '떨린다'라는 말로 내 말에 대한 기대감을 조금 낮추고 시작하니 오히려 안정이 된 것이다. 이제 더 잘 말할 일밖에 없으니 말이다.

고백의 효과를 극대화하고 신뢰도를 떨어트리지 않으려면, 수습의 멘트가 반드시 따라와야 한다. 면접을 보는 중이라면 "좀 떨립니다. 그렇지만 최선을 다해 떨림에 묻힌 저의 진정성을 보여드리겠습니다"처럼 말하면 된다. 나와 같은 상황이라면 "학창 시절부터 좋아하던 분들을 뵙게 되어 매우 떨립니다. 하지만 지금부터 이어질 퀴즈 내용은 제가 아니라 여러분을 떨게 할지도 모릅니다"라는 식의 재치 있는 멘트로 솔직하면서도 매력 있는 사람으로 청자에게 어필할 수 있다. 메라비언의 법칙에 따르면, 말하기에서 언어적 요소의 중요성은 7%밖에 되지 않으니 말이다. 떨리는 목소리를 넘어서는 솔직하고 재치 있는 매력으로 어필하는 것, 많은 사람 앞에 서면 자주 떨리는 당신에게 추천하는 방법이다.

어렵고 따분한 소재,
흥미롭게 풀어가는 기술

　전문적인 설명이 길어질수록 청중은 지루해하기 마련이다. 전문 용어와 숫자로 가득 찬 강의나 프레젠테이션을 듣다 보면 제아무리 집중력이 좋은 사람도 어느 순간 흐름을 놓치기 쉽다. 말하는 사람의 입장에서도 지루하긴 마찬가지다. 따분해하는 청중의 표정을 보면 말하는 재미가 반감된다. 자신감 또한 점점 떨어지기에 결국 발표는 시간이 지날수록 생기를 잃는다. 어렵고 전문적인 내용일지라도 청자가 집중하여 듣게 하는 방법은 없을까?

　전문적인 지식이 많고 해당 내용을 자주 이야기하는 직업일수록 청중과의 교류에 실패하는 경우가 많다. 나에겐 익숙한 주제이고 내가 잘 알고 있는 분야이기 때문에 상대가 나만큼의 기초 지식을 가지고 있지 않다는 사실을 간과하는 탓이다. 전문가, 학자들의 강의가 일반인에게 친근하지 않게 느껴지는 이유가 이 것이다. 게다가 말은 글과 달리 실시간이라는 성격이 있다. 수용자가 잠시 멈춰서 생각하거나, 다시 읽을 수 없다. 동영상 강의가 아니라면 대부분의 말은 수용자가 적극적으로 제동을 걸기 전까지는 그대로 흘러가 버린다.

말의 이런 특성을 고려할 때 어렵고 따분한 소재, 전문적인 영역의 말하기에서 가장 중요한 것은 사전 구성이다. 말의 강약을 조절하고, 적절한 해석과 비유를 더해 청자를 사로잡을 수 있는 준비가 필요하다. 라디오 프로그램을 기획하고 콘텐츠를 만들 때 주요 고민의 대부분은 누구나 이해하기 쉬운 화법으로, 청취자를 잡아둘 수 있는 재미있는 구성에 관한 것이었다. 프로그램을 제작하고 진행하고, 다양한 프레젠테이션 발표를 하는 과정에서 내가 배운 몇 가지 팁을 소개한다.

잘 말한 비유 하나, 열 설명 필요 없다

라디오를 들으며 자라온 라디오 키드 출신으로서 음악 프로그램 DJ가 꼭 갖춰야 하는 역량이라고 생각하는 것이 하나 있다. 바로 사람들이 잘 모르는 곡을 소개할 때 그 곡이 귀에 더 잘 들어오도록 설명을 맛있게 해주는 기술이다. 지상파 방송은 기존의 것만을 답습하는 것이 아닌, 낯설지만 좋은 노래를 소개하고 청취자에게 새로운 정보를 제공해야 한다는 의무를 지고 있다. 그런데 사람의 귀는 눈과 달리 나이가 들수록 익숙한 것을 더 선호한다고 한다. 따라서 DJ는 낯선 곡일수록 청취자가 더 흥미를 갖고 들을 수 있도록 설명을 해주어야 한다. 설명 없이 나간 노래가 신선하기도 하지만, DJ의 해석이 곁들여진 후 송출되는 노래는 더 귀 기울여 듣게 되고 더 큰 감동을 준다. 레스토랑에서 고급 요리를 먹을 때 셰프가 설명해주면 더 깊이 음미할 수 있듯이 말이다.

"저는 이분을 이렇게 부르고 싶습니다. 기타리스트계의 에디슨! 그가 기타 소리를 만들어내는 방식은 마치 발명을 하는 것과 같거든요. 기타 줄로 이런 소리까지 가능하다고? 듣는 이에게 정말 놀랍고도 경이로운 경험을 하게 해줍니다."

생소한 가수, 처음 들어볼 확률이 높은 곡을 소개할 때 좋은 방법 중 하나가 바로 '비유'다. 예시의 멘트에서 '그는 기타계의 에디슨이다'라는 은유를 사용했다. 이처럼 누구나 알고 있는 에디슨이라는 이름을 넣어 생소한 가수의 음악 스타일을 설명하면,

청취자는 아무런 사전 정보 없이 음악을 접할 때보다 더 큰 흥미를 느끼게 된다.

청자에게 낯선 소재, 어렵고 지루한 소재를 설명해야 하는 상황이라면 듣는 사람의 눈높이에 맞춘 비유를 사용해보자. 같은 비유일지라도 세대, 국가 등 속한 문화권에 따라 친숙함의 정도나 이해도가 다를 수밖에 없다. Z세대와 X세대를 상징하는 아이콘이 서로 다른 것처럼 말이다. 따라서 이해를 돕고 흥미를 높이기 위한 비유에 앞서, 타깃에게 친근한 소재를 선택해야 한다. 잘 사용한 비유 하나는 열 마디의 설명을 대신해주는 경제적이고 효과적인 기술이다.

말에 풍미를 더하는 숫자
숫자로 말의 신뢰도를 높인다

숫자는 다루기 까다로운 고급 요리의 재료와 같다. 재료의 풍미를 살려내면 극찬을 부르는 최고급 요리가 되지만, 잘못 다루면 난해한 맛의 요리가 된다. 이와 마찬가지로, 이야기 속에 숫자의 비중이 지나치게 높으면 지루하고 따분하다는 느낌을 주는 반면 숫자를 적당히 사용하면 말의 신뢰도가 높아진다. 훌륭한 요리를 만드는 데 적당량의 재료가 중요하듯, 말에 풍미를 더하기 위한 숫자는 적당히, 쉽게 받아들일 수 있도록 집어넣는 것이 핵심이다.

먼저 숫자가 어렵게 느껴지는 이유를 짚어보자. 가장 큰 이유는 실감이 나지 않는다는 것이다. 수치가 막연하게 크거나 의미가 무엇인지 청자에게 와닿지 않으면 말에 공감하기가 어려워 쉽게 따분해질 수 있다.

숫자를 청자에게 친근하게 만들고 제시하는 의도를 명확히 드러내기 위해서는 막연한 숫자를 쉽게 받아들일 수 있게 할 새로운 기준이 필요하다. 큰 수치일수록 절댓값만 제시하는 것이 아니라 이해하기 쉬운 비율로 나누어 설명하는 식이다. 이해를 돕기 위해 숫자를 표시하는 단위를 바꾸는 것도 좋은 방법이다. 숫자가 작아질수록 더 쉽게 이해할 수 있다.

"5초마다 팔리는 치약!"

이런 종류의 광고 문구를 본 적이 있을 것이다. 그런데 만약 다음과 같이 치약이 팔린 개수로 홍보를 했다면 사람들의 반응은 어땠을까?

"5년간 3,000만 개가 넘게 팔린 치약!"

큰 숫자는 막연하고 금방 와닿지 않는다. 1년에 얼마가 팔린 거지? 하루에 얼마가 팔린 거지? 계산이 필요해진다. 광고가 전하고자 하는 '불티나게 팔린 치약'이라는 메시지를 강조하려면, 같은 숫자라도 5년 또는 1년이 아니라 초 단위로 나타내는 것이 더 효과적이다. 5년에 3,000만 개보다 5초에 하나씩 팔렸다는 표현이 더 직관적이다.

"유튜브 조회 수 300만을 기록한 이 영상의 시청자는 국내 20대가 60%를 차지했습니다. 2020년 기준 20대 인구가 680만 명임을 고려할 때 20대 약 3.7명 중 1명이 이 영상을 시청한 것입니다."

유튜브에 관심이 없는 사람이라면 조회 수 300만이라는 숫자는 막연하게 느껴질 수밖에 없다. 또 저마다의 기준에 따라 누군가에게는 많을 수도 있고, 누군가에게는 적을 수도 있다. 그런데 가장 높은 시청 비중을 차지한 20대의 총인구 중 몇 퍼센트가 이 영상을 봤는지 확인한 후, 이를 '몇 명 중 1명'으로 바꿔주면 숫자를 더 효과적으로 활용할 수 있다.

어렵고 따분한 소재일수록 말을 잘하는 사람의 진가가 빛나기 마련이다. 학창 시절을 떠올려보면, 어려운 수업을 덜 지루하고 흥미롭게 풀어가던 선생님이 분명 한두 분은 계셨을 것이다.

오늘도 누군가에게 전문적인 설명을 해야 하거나 복잡한 발표로
영업을 해야 하는 당신을 응원하며, 이 글을 읽고 있는 당신이 그
런 사람이 되기를 간절히 바란다.

4
같은 말도 더 매력적으로

우리는 진짜, 너무라는 말을 '진짜', '너무' 많이 사용한다.

습관적으로 쓰는 부사를 줄이고 표현에 구체성을 더해보자.

같은 말일지라도 조금 더 따듯하게 언어의 온도를 높여보자.

처음 만난 상대에게
특별한 관심의 말을 건네는 법

첫 만남은 누구에게나 어색하다. 이때 던지는 말 한마디 한마디는 이어질 대화의 분위기뿐 아니라 관계의 지속 여부를 결정하기도 한다. 대화를 나눌수록 즐겁고 마음이 편안해지는 상대가 있는가 하면, 좋았던 첫인상이 반감되는 사람도 있다. 특히 나이나 직급으로 인해 대화를 리드해야 한다는 심적 압박이 있는 상황이라면 더욱 고민이 커진다. 어색한 분위기를 깨기 위해 아무 말이나 하다 보면 말실수를 하기도 쉽다. 말을 안 하느니만 못한 상황이 되는 것이다.

어색한 첫 만남에서 부드럽게 말문을 여는 기술을 배운 건, 한 방송사에서 인턴 생활을 하던 때였다. 내가 돕던 음악 쇼 프로그램의 PD님이 촬영 시작 전 출연진에게 말을 건네던 방식은 이후 내가 PD 생활을 할 때 출연진을 대하는 좋은 지침이 됐다. PD 님은 소파에 앉아 대기하고 있는 출연자에게 자연스럽게 다가가 무릎을 굽혀 쭈그리고 앉은 뒤 눈을 맞추며 인사를 했다. 그리고 이렇게 말을 건넸다.

"이번 앨범도 참 좋더군요. 잘 듣고 있습니다."

이후 자연스럽게 대화가 이어졌다. 담백하지만 진심이 묻어나는 칭찬과 상대에게 눈높이를 맞춰 대화를 이어나가는 태도에서 출연자를 향한 배려가 느껴졌다. 게다가 '이번 앨범도'라는 말은 출연자에게 이전부터 쭉 관심을 갖고 있었음을 자연스럽게 전달할 수 있는 표현이기도 했다. 그 말을 들은 출연자는 방송이 시작됐을 때 한결 더 편안해진 표정으로 노래를 불렀다.

이후 내가 PD가 되어 매주 새로운 출연자를 만나 프로그램을 만들 때, 첫 만남에서 좋은 분위기로 대화를 이끌기 위해 그분께 배운 두 가지를 유념했다. 눈높이를 맞추며 상대를 배려하고, 특별한 관심이 담긴 말을 건네는 것이었다. 특별한 관심이 담긴 말을 건네는 비결 세 가지를 소개한다.

애정 어린 궁금증을 가진다

어떻게 하면 처음 만난 상대에게 특별한 관심이 담긴 말을 건넬 수 있을까? 당연한 말이지만, 상대에게 특별한 관심을 가져야 한다. 그런데 어떻게 해야 특별한 관심을 가질 수 있을지 막연하다고 느껴질 것이다. 이럴 때 필요한 것이 상대에 대해 궁금해하는 마음, 애정 어린 호기심이다. 좋아하는 스타에 대해서 더 많은 것을 알고 싶어 하는 것처럼 말이다.

만약 상대와 독서 모임에서 처음 만났다면 다음과 같은 궁금증을 가질 수 있다. '이 사람은 왜 독서 모임에 나오기 시작했을까?', '어떤 책을 인상 깊게 읽었을까?', '이 근처에서 살까, 아니면 먼 데서 왔을까?' 등이다. 소개팅 상대라면 요즘 무엇에 제일 관심이 많은지, 오늘 만나기 전까지 무엇을 했는지, 어제는 무얼 했는지, 요즘 삶은 어떤지 등을 궁금해할 수 있다. 거창한 것이 아니라 그저 소소하게 상대의 일상을 그려보는 정도의 궁금증이다.

이렇게 상대에 대한 궁금증을 갖고 대화를 시작했을 때 가장 큰 장점은 경청할 수 있다는 데 있다. 궁금한 만큼 상대의 이야기를 더 주의 깊게 들을 것이기 때문이다. 물음표를 달지 않고 대화를 할 때보다 더 높은 집중도로 상대와의 대화에 마음을 다할 수 있게 된다.

이런 대화 자세는 상대에게도 긍정적인 영향을 준다. 자신의 이야기를 경청해주고 특별한 관심을 기울여주는 사람에게 그 역시 자연스럽게 마음을 열 확률이 높아진다. 특히 말주변이 없어 대화를 리드하기가 쉽지 않을수록 이 방법을 추천한다. 좋은 대화를 만드는 데 필수적인 요소인 교감은 상대의 말을 제대로 듣는 것부터 시작하니 말이다.

상대가 듣고 싶어 하는 질문을 한다

다음 중 어떤 질문에 더 대답하고 싶은가?

- "아버님은 무슨 일 하세요?"
- "요즘 어떤 드라마를 재밌게 보셨어요?"

분위기를 풀기 위해 악의 없이 던진 질문 중 간혹 어떤 것은 상대를 불편하게 만들기도 한다. 그에 비해 어떤 질문은 대답하기 위해 고민하는 순간부터 즐거워진다. 그 차이는 바로 내가 선뜻 말하고 싶은, 좋아하는 것에 대한 질문이냐 아니냐다. 사람은 누구나 관심 분야에 대해, 잘 아는 것에 대해 말하기를 좋아한다. 주말마다 맛집을 찾아다니는 상대라면 맛집에 대한 질문을 던졌을 때 열정을 가지고 말할 것이다. 나 역시 누군가가 음악을 추천해달라고 하면 가슴부터 띈다. 대화를 나누는 상대와 즐겁고 화기애애한 분위기를 만들고 싶다면 상대가 말하고 싶어 하는 분야에 대한 질문을 하자.

질문은 상대에 대한 구체적인 관심과 배려를 표하는 방법이 되기도 한다. 하지만 질문을 잘못 던지면 오히려 좋은 분위기를 망칠 수 있다. 예를 들어 이제 막 인사하고 안면을 튼 사이에 부모님의 직업을 묻는 것은 호구 조사처럼 느껴질 수 있다. 상대에 대한 최소한의 배경지식도 갖추지 않은 기초적인 질문 또한 마찬가지다. 만약 비즈니스 관계라면 '이 정도로 관심이 없으면서 어떻게 거래를 하겠다는 거지?' 하는 실망감을 불러올 수 있다.

첫 만남에서 호감 가는 질문을 건네는 사람은 좋은 인터뷰어 interviewer와 같다. 유능한 인터뷰어는 내한한 할리우드 스타에게 김치를 먹어봤는지, 한국에서 어디를 방문했는지와 같은 따분한 질문은 하지 않는다. 그가 가진 삶의 철학, 그동안 거쳐온 작품들에 대한 깊이 있는 질문을 던져 스타가 평소 하지 못했던 속마음 이야기를 할 수 있게 자리를 깔아준다. 이에 감동한 스타는 자연스럽게 속마음을 꺼내 보이고 인터뷰에 진심으로 응한다.

이렇게 첫 만남에서 감동을 줌으로써 인터뷰 상대가 마음을 활짝 열게 하는 질문은 인터뷰를 하기 전, 상대와 관련된 정보를 모아 열심히 공부하는 데서 시작된다. 만나기 전 철저히 조사하고, 배경지식을 갖춰 상대를 이해하고 더 다가가고자 노력한 만큼 좋은 질문이 나오는 것이다. 따라서 상대에게 호감을 얻고 마음을 움직이는 남다른 질문을 하고 싶다면, 만남 전에 최대한 준비하는 것이 좋다. 상대를 잘 알아야 그에게 건넬 수 있는 질문도 한층 더 깊어질 수 있으니 말이다.

뻔하지 않은 칭찬을 한다

칭찬은 상대에게 관심을 표하고 냉랭한 분위기를 풀어지게 하는 좋은 방법이다. 예컨대 소개팅에서 상대에게 호감을 느꼈을 경우 선의를 담아 칭찬의 말을 건네고 싶을 것이다. 하지만 칭찬을 잘못 하면 역효과를 부르니 주의해야 한다. 특히 일방적인 평가로 느껴질 수 있거나, 많이 들었던 뻔한 칭찬은 나를 그저 그런 사람으로 보이게 할 수 있다. 상대에게 호감을 사기 위해 억지로 짜낸 듯한 아부성 칭찬 역시 마찬가지다. 가식적으로 느껴져 오히려 나의 진정성이 의심받게 된다.

그렇다면 어떤 칭찬을 해야 좋은 의도를 전하고 호감도를 높일 수 있을까? 이를 성공시킨 남자에 대한 잘 알려진 이야기가 있다. 바로 영화 〈로미오와 줄리엣〉에서 줄리엣을 열연했던, 세기의 미녀로 불리는 배우 올리비아 핫세의 일화다. 한 인터뷰에서 올리비아 핫세는 남편과 결혼하게 된 이유를 묻는 인터뷰어에게 엉뚱하게도 자신의 눈동자 색깔을 물었다. 그가 대답하지 못하자 그녀는 이렇게 말했다.

"이 질문에 대답한 유일한 사람이 그였습니다. 모든 남자가 내 가슴을 볼 때, 그는 내 눈동자를 바라봤죠."

좋은 칭찬도 이와 같다. 올리비아 핫세의 눈동자 색깔처럼, 타인이 보지 못한 장점을 말할수록 그 칭찬은 더욱 특별하게 와닿는다. 특별한 칭찬을 하고 싶다면 가장 먼저 눈에 들어오는, 뻔한 칭찬은 삼가는 것이 좋다. 외모가 수려한 상대라면 당연히 외모가 가장 먼저 눈에 들어오겠지만, 이를 언급하는 건 뻔한 칭찬이 되어버린다. 이럴 때는 대화 중에 알게 된 정보, 즉 상대가 노력해온 결과에 대한 것 또는 남다른 신념 등을 칭찬하는 것이 좋다.

기억에 남는 칭찬을 하기 위해 상대가 가장 많이 들었을 법한 점에 대한 칭찬은 피하는 것이 좋다. 이때 좋은 방법은 가장 먼저 보이는 것이 아닌 두 번째, 세 번째로 떠오르는 장점에 대해 칭찬하는 것이다. 옷을 잘 입기로 유명한 상대라면 제일 눈에 띄는 패션 감각에 대한 칭찬이 아닌, 상대적으로 많이 들어보지 못했을 바른 자세에 대한 칭찬이 더욱 기억에 남을 것이다.

쉽게 할 수 있는 칭찬은
쉽게 흩어진다

"가장 중요한 것은 눈에 보이지 않아."

생텍쥐페리의 소설 《어린 왕자》의 유명한 대사다. 나는 이 말
을 진심 어린 좋은 칭찬의 기준으로 삼는다. 가장 중요한, 눈에
보이지 않는 것은 쉽게 말할 수 없기 때문이다. 드러나지 않는 것
을 칭찬하려면 상대에 대한 관심과 존중의 마음이 필요하다. 그
렇게 노력을 기울인 만큼, 보이지 않는 것에 대한 칭찬에는 진심
과 온기가 담긴다. 반면 어떤 칭찬은 좀 차갑다. 좋은 의도의 말
이었음을 머리로 느껴보려고 노력하는 사이에 가슴에서는 멀어
진다. 이런 칭찬은 대개 특별한 관심이 없어도 눈으로 볼 수 있는
것과 관련되어 있다. 쉽게 할 수 있는 말인 만큼 쉽게 흩어진다.

물론 칭찬에 인색한 것보다는 가벼운 칭찬이라도 어투나 표정에 감정을 실어 최선을 다해 좋은 의도를 전달하는 것이 좋다. 하지만 좋은 의도를 상대에게 제대로 전달하는 표현 방식 또한 칭찬의 의도 못지않게 중요하다. 상대가 칭찬을 칭찬으로 느끼지 않는 순간, 그 말의 생명력은 사라지기 때문이다. 가식적으로 느껴지거나 선한 의도가 반감되지 않고, 듣는 이의 가슴에 가닿는 진심을 전할 수 있는 칭찬의 기술을 소개한다.

결과보다 노력을 칭찬한다

칭찬에 진심을 담고 선의를 전달하고 싶다면 표현에 온기를 싣는 것이 좋다. 가장 좋은 방법은 눈앞의 결과에 대한 쉬운 말 대신 상대의 숨은 노력, 과정을 칭찬하는 것이다. 눈에 보이는 성과, 뛰어난 외모, 타고난 재능에 찬사를 보내는 것은 대상에 대한 관심이 없어도 쉽게 할 수 있는 일이다. 반면 과정과 노력에 대한 칭찬은 상대에게 관심이 있고 상대를 잘 이해해야 할 수 있다. 그렇게 관심과 애정이 담긴 칭찬에는 따스함이 묻어난다. 그만큼 상대는 자신이 이해받았다고 느끼며 진심을 느낄 수 있게 된다.

보이지 않는 노력이나 과정을 발견하고 칭찬으로 표현하는 것은, 그 과정에서 상대에 대한 존경이나 존중의 마음이 함께 자라

난다는 장점도 있다. 표현을 위해 시간과 에너지를 들인 만큼 말에 담은 좋은 의도가 더 잘 드러난다. 정성을 들인 한마디는 듣는 이에게 더욱 특별한 기쁨이 된다.

- "와, 또 1등 했네! 역시 넌 똑똑해."
- "와, 또 1등 했네! 어려운 문제도 포기하지 않고 끝까지 풀어내더니. 역시 멋지다."

두 칭찬의 차이를 알겠는가? 1등을 하면 흔히 듣는 이야기가 '머리가 좋다', '똑똑하다'일 것이다. 하지만 머리가 좋다고 해서 모두 공부를 잘하는 건 아니라는 사실을 사람들은 종종 간과한다. 뛰어난 결과를 내기까지의 노력을 타고난 재능 탓으로 돌리면, 그렇지 못한 자신을 합리화하기가 쉽기 때문이기도 하다. 바로 이런 유혹에서 벗어나 상대의 노력을 있는 그대로 인정할 때 좋은 칭찬을 할 수 있는 마음이 생겨난다.

예시 속 첫 번째 칭찬은 머리가 좋기 때문에 1등을 했다는 의미로 해석될 수 있다. 즉, 상대의 노력을 축소하는 말로 들릴 수 있다. 결과를 칭찬하다 보면 이런 오류에 빠지기 쉽다. 이럴 때는 결과에서 눈을 돌려 1등을 하기까지의 '과정'에 주목하자. 보이지 않는 가장 중요한 것, 상대의 노력을 칭찬하는 것이다. 포기하지 않는 끈기를 인정하고 높게 사는 두 번째 예시처럼 말이다.

타고난 외모나 재능처럼 눈에 보이는 결과가 아니라 노력에 대한 칭찬은 또 다른 긍정적인 효과를 가져다준다. 칭찬의 기대 효과 때문이다. 사람에겐 누구나 칭찬을 들으면 자신도 모르게 더욱 노력하고자 하는 심리가 있다. 타인의 긍정적인 기대나 관심이 개인에게 좋은 영향을 미친다는 '피그말리온 효과pygmalion effect'가 이를 설명한다. 노력으로 바꿀 수 있는 분야에 대한 칭찬은 개인의 성장에 촉매제가 된다. 반대로 바꿀 수 없는 타고난 능력, 외모에 대한 칭찬은 긍정적으로 작용하지 않는다. 도리어 누군가에게는 무의식 속에서 성장에 대한 부담과 압박으로 작용하기도 한다. 상대방에게 용기와 에너지를 주고 기쁨을 주는 말을 하고 싶다면, 배려심·열정·센스·끈기처럼 상대의 내면으로 시선을 돌려보자.

평가로 느껴지지 않는 칭찬의 조건

가끔은 평가로 느껴지는 칭찬도 있다. 칭찬을 건넨 상대방의 의도는 이해하지만, 은연중 평가를 받았다는 생각에 기분이 썩 유쾌하지 않은 상황 말이다. 특히 해석하기에 따라 달라질 수 있는 민감한 표현은 조심하는 것이 좋다. 이를테면 '말랐다'라는 표현이 살을 빼고자 하는 이에겐 칭찬이겠지만, 살이 찌지 않는 체질이어서 고통스러워하는 이에게는 원치 않았던 평가로 여겨질 것이다.

평가로 느껴지는 칭찬을 피하는 방법은 말에 '감사'와 '존경'을 담는 것이다. 상대에 대한 고마움, 보이지 않는 노력에 대한 존경심은 평가 없는 칭찬을 만드는 출발점이다. 칭찬을 하고 싶을 때, 상대에게 고마움을 느끼거나 존경심이 생기는 이유를 먼저 생각해보는 것이다. 결론에 '그래서 고맙다, 멋지다'를 넣으면 칭찬의 매듭을 확실하게 지을 수 있다.

- "상대에 대한 배려심이 뛰어나시네요."
- "저를 배려해주신 덕분에 편안해졌습니다. 고맙습니다."

이렇게 상대의 내면이나 노력에 대한 칭찬을 하는데도 어딘가 평가 같다는 느낌을 지울 수 없다면, 내가 느낀 상대의 장점이나 칭찬하고 싶은 부분에 '감사', '존경'의 마음을 넣어보자. 첫 번째 예시에서처럼 '뛰어나다'라는 평가 대신, '고맙다'를 넣어보는 것이다. 두 번째 예시처럼 '고마움'을 표하면 상대의 노력을 칭찬하면서 나의 마음 또한 전할 수 있다.

나는 '멋지다'라는 칭찬을 좋아한다. 이 표현은 외적인 분위기를 가리키기도 하지만, 상대의 능력이나 노력을 통한 성취에 대한 존경을 드러내기도 한다. 상대를 인정하고 높이 산다는 뜻을 담고 있는 것이다. 그래서 연장자에게 사용해도 어색하지 않다. 상대에게 칭찬하고 싶은 면이 있다면, 존경의 마음을 담아 '배우고 싶다', '멋지다' 같은 표현을 해보자. "자신보다 상대를 먼저 배려하시는 모습을 저도 배우고 싶습니다", "자신보다 상대를 먼저 배려하시는 모습이 존경스럽습니다. 멋져요"처럼 말이다.

머쓱하지 않게 센스 있게
칭찬 받아들이기

대부분의 사람은 칭찬을 들으면 어쩔 줄 몰라 한다. 겸손을 미덕으로 여기는 사회 분위기인지라 자칫 거만해 보일까 봐 걱정하기도 한다. 그래서 자기도 모르게 이런 말이 튀어나온다. "아니에요."

나 역시 사회 초년생 시절 칭찬을 받으면 반사적으로 '아니요'가 튀어나오곤 했다. 그런데 한번은 칭찬에 아니라고 답하는 것이 상대의 말에 대한 거절로 느껴진다는 말을 들었다. '아니요'는 겸손해지고 싶다는 마음과 부끄러움이 만들어낸 대답이었지만, 상대에 따라 다르게 받아들여질 수 있는 말임은 분명했다. 이후 칭찬에 대한 대답 방식을 다시 생각해보게 되었다.

칭찬은 나를 부끄럽게 한다. 내 마음 한구석에서 그
것을 은근히 바라고 있었기 때문이다.

아시아 최초의 노벨 문학상 수상자인 인도의 작가 라빈드라나
트 타고르의 말이다. 그의 말마따나 칭찬을 부끄럽게 느끼는 이
유는 어쩌면 그 말을 듣기를 바랐기 때문인지도 모른다. 타인에
게 인정받고 싶은 마음, 칭찬받고 싶은 마음을 들켜 그 부끄러움
을 감추려는 무의식이 강한 부정 표현을 불러왔으리라는 얘기다.
'아니요'는 사실 누구보다 그 말을 듣고 싶었던 자기 자신에게
하고 싶은 말일 수도 있다.

"아니에요" 대신 "감사합니다"

칭찬을 반사하는 각자의 이유를 차치하고라도 칭찬의 말을 기
분 좋게 수용하는 표현이 필요하다는 것만은 분명하다. 칭찬을
할 때 상대는 대체로 그 말에 호의를 담아 건넨다. 그런데 여기에
"아니에요"라고 하면, 상대의 호의에 대한 거절 표현이 될 수 있
다. 이때 거절 대신 상대의 호의에 대한 감사 인사를 건네면 어색
하지 않게 대화를 이어갈 수 있다.

상대의 호의와 칭찬에 무조건적인 '반사'는 하지 않는다.

"어쩜 그렇게 목소리가 좋아요? 제가 들은 목소리 중에 가장 따뜻하고 부드러운 톤이에요."
"감사합니다. 목 관리 잘해야겠어요, 하하."

감사하다는 말은 상대의 칭찬을 수용하면서도 호감의 기류를 자연스럽게 상대에게 다시 향할 수 있게 하는 표현이다. 특히 말 앞에 '그렇게 말씀해주셔서'와 같은 적극적인 표현을 붙이면 조금 더 겸손한 느낌을 줄 수 있다. 갑작스러운 칭찬으로 부끄러울 때 또는 나도 몰랐던 나의 장점에 대한 칭찬을 처음 들어 바로 공감할 수 없을 때, 이렇게 좋게 생각해준 상대에게 대화의 축을 돌리면 어색함에서 벗어날 수 있다는 장점도 있다.

"최 대리, 오늘 프레젠테이션 인상 깊었어. 발표 준비 정말 잘했던데?"
"그렇게 봐주셔서 감사합니다. 앞으로 더 열심히 하겠습니다!"

"감사합니다"라는 말로 대화가 어색하게 끝나는 것을 방지하고 싶다면, 앞으로의 각오를 덧붙이는 것도 좋다. 그러면 자연스럽게 이후의 대화를 이어나갈 수 있다.

모두를 높이는 대답, "덕분입니다"

'돼지 눈에는 돼지만 보이고 부처 눈에는 부처만 보인다'라는 말처럼, 나는 타인의 장점을 발견하고 표현해주는 사람 역시 남다른 능력이 있다고 생각한다. 아무리 귀한 보석도 그 진가를 몰라보는 이에겐 한낱 돌덩이에 불과하기 때문이다. 칭찬에 마땅한 대답이 떠오르지 않는다면 이 점을 떠올려보자. 칭찬을 하는 사람 역시 칭찬을 받을 자격이 있다고 생각하면, 다음과 같은 대답이 가능해진다.

> "영선 씨는 정말 일을 끝내주게 잘한단 말이야. 어쩜 이렇게 일이 착착 마무리될 수 있지?"
> "다 지금까지 저를 잘 가르쳐주신 부장님 덕분이지요."

> "볼 때마다 감탄했는데 말이야. 어쩜 그렇게 옷을 센스 있게 잘 입어?"
> "그거 알아? 센스 있는 사람 눈엔 센스 있는 사람만 보인대."

첫 번째 예시처럼 나의 능력을 상대의 공으로 돌리는 적극적인 방법도 있다. 이렇게 하면 나뿐만 아니라 양쪽이 모두 올라가는 대화가 된다. 호의를 주고받는 대화가 되는 것이다. '덕분에' 를 응용한 두 번째 예시는 나의 장점을 알아봐 준 상대의 능력을 함께 칭찬하는 표현이다. 말을 꺼낸 사람, 받아주는 사람 모두에 게 기분 좋은 대화가 된다.

"예전부터 느꼈는데, 너랑 이야길 나누면 늘 기분이 좋 아져."
"고마워. 근데 나야말로 너랑 대화하면 그렇게 느껴. 긍정 적인 에너지를 얻는 기분?"

"당신 음식은 언제나 꿀맛이야!"
"고마워. 당신 요리도 늘 맛있어."

조금 더 적극적으로 호의를 표하고 싶다면 이렇게 상대의 칭 찬을 그대로 받아 토스하는 방법도 좋다. 나만 칭찬을 받고 있기 머쓱하다면 그런 훈훈한 머쓱함을 상대에게 돌려주는 것이다. 상 대가 건넨 칭찬의 내용과 같은 내용으로 상대 역시 그렇다고 말 하면 나의 호의를 어렵지 않게 함께 전할 수 있다.

호의는 한술 더 뜬 농담으로 유쾌하게 받는다

앞에서 언급한 것처럼, 현실에선 평가의 느낌이 배제된 무해한 칭찬을 하거나 듣기가 생각만큼 쉽지 않다. 하지만 비록 표현이 서툴더라도 상대의 칭찬에 담긴 호의는 표정이나 말투, 목소리 톤 등 언어 외적인 요소를 통해 느낄 수 있다. 그런 칭찬 속 호의를 어색하지 않고 유쾌하게 받는 가장 좋은 방법은 바로 한술 더 뜬 농담으로 응하는 것이다.

"저는 선배님만큼 능력 있고 따뜻한 사람을 본 적이 없어요!"
"이따 뭐 먹고 싶은 거 있어요? 다 말해봐요!"

"PD님 어제 공개된 영상, 올해 본 것 중 제일 재밌었어요. 이렇게 웃어본 게 처음이라니까요?"
"어머! 방금 하신 말씀, 한 20분 뒤에 다시 한번 해주시면 안 돼요? 다른 분들 전부 출근하고 나서 다 들을 수 있게 큰 소리로."

칭찬을 들었을 때 좋은 기분을 재치 있는 농담을 넣어 답하면 자연스럽게 화기애애한 분위기가 만들어진다. 물론 사람에 따라서는 이런 농담을 하는 게 어렵다고 느껴질 수도 있다. 그러나 나의 성격과 말투에 맞는 레퍼토리를 몇 가지 만들어두면 칭찬에도 자연스럽고 뻔뻔하게 유쾌해질 수 있다.

한 배우가 내게 했던 말이 아직도 기억에 남는다. 일을 하며 만나게 된 그 배우에게 반갑게 인사를 건넸다.

"와, 정말 팬입니다. 함께 작업하게 되어 영광이에요."

그러자 그 배우가 큰 소리로 웃으며 이렇게 대답했다.

"그거 아세요? 보통 아름다운 분들께서 저를 좋아해 주시더라고요. 하하하."

능글능글한 표정과 느끼한 말투의 대답에 그 자리가 한바탕 웃음바다가 됐던 기억이 아직도 생생하다.

유튜브에 올렸던 '칭찬 대답법' 영상의 누적 조회 수가 100만이 넘었다. 그만큼 우리 문화에서 칭찬에 대응하는 방법을 고민하는 사람이 많다는 뜻 아닐까. 원만한 사회생활을 위해서, 그리고 자신의 가치를 스스로 높이기 위해서도 지나치게 자만하거나 겸손한 대답이 아닌 상대의 호의를 고맙게 수용하고 다시 따뜻함을 건네는 말이 필요하다. 자존감이 낮은 사람도 언어 습관을 바꾸면 생각도 조금씩 바뀌게 된다. 말이 곧 생각이 되기 때문이다. 지금부터는 칭찬에 "아니에요" 대신 "감사합니다"를 습관화하는 연습을 해보자.

습관적으로 사용하는 부사만 줄여도

일주일에 한 팀씩 매주 진행자가 바뀌는 라디오 프로그램을 만들던 시절, 모니터링을 하다 보면 유독 매력적으로 느껴지는 스타들이 있었다. 편집하면서 귀 기울여 이야기를 듣는 동안, 일로 만나기 이전엔 미처 몰랐던 매력에 뒤늦게 빠져들곤 했다. '이럴 줄 알았으면 사진이라도 한 장 남겨둘걸' 하는 생각이 절로 들었다. 팬심이 무르익기 전 아티스트는 녹음실을 떠났고, 나는 현장을 컨트롤하느라 경황이 없어 사인 한 장도 받지 못한 채 매번 후회를 반복했다. 하지만 그렇게 아쉬웠던 덕분에 더욱 아련한 마음으로 그들의 멘트 하나하나를 귀담아들을 수 있었다.

소리 매체의 장점은 시각에 방해받지 않고 메시지에 담긴 그 사람의 온기를 오롯이 느낄 수 있다는 것이다. TV를 볼 때와는 다르게 어떤 표현을 사용하는지, 어떤 생각을 하는지 등 그 사람의 내면에 조금 더 주목하게 된다. 라디오의 매체적 특성 덕에 화려한 비주얼에 묻혔던 아티스트의 인간적인 매력과 진정성을 더 잘 발견하게 되는 것이다. 그렇게 빠져들 만큼 매력적으로 느껴지는 표현에는 몇 가지 공통점이 있었다.

부사를 줄이면, 표현이 진솔해진다

라디오 프로그램에서 자주 등장하는 구성 중 진행자의 능력이 특히 중요해지는 순간이 있다. 앞서 언급하기도 했던 곡 소개 멘트, 그리고 청취자의 사연에 피드백을 할 때다. 노래를 소개할 때는 곡에 대한 이해를 바탕으로 청취자가 그 곡을 들어보고 싶게 만드는 생생하고 구체적인 표현이 중요하다. 청취자의 신청곡이나 PD의 선곡이 들어간 만큼, 진행자가 그 곡을 모르는 경우도 있기 때문에 소개를 위한 멘트를 따로 전달하기도 한다. 반면 문자, 메일 등으로 도착한 사연에 대한 피드백은 대개 DJ의 몫이다. 특히 이때, 진행자의 진정성과 공감 능력이 여과 없이 드러난다.

"OO 님, 지금이 가장 빛나고 젊은 시기라지만 막상 그게

248

와닿지 않는 순간이 많을 거예요. 하지만 이 시기를 잘 겪어내면 또 언제 그랬냐는 듯 씩씩하게 살아낼 그날이 옵니다. 저 역시 그런 순간이 있었고, 그 덕분에 여러분과 이렇게 만날 수 있었어요."

말을 들을수록 내면이 더욱 빛나 보였던 진행자들은 이런 식으로 최선을 다해 진심 어린 대답을 해주었다. 자신보다 열 살 이상 어린 팬들의 고민에도 진심 어린 조언을 해주고, 겪어보지 않았던 직장인의 삶에도 따뜻한 위로를 건넸다. 뜬구름 잡는 긍정이나 뻔한 위로가 아니라 진정성이 담긴 구체적인 표현으로 고개를 끄덕이게 했다.

이렇게 진정성이 담긴, 사람의 마음을 얻는 구체적이고 진솔한 표현을 하고 싶다면 가장 먼저 덜어내야 할 것이 있다. 바로 부사다. 부사는 도울 '부副', 말 '사詞'로 다른 말을 돕는 말을 뜻한다. 동사나 형용사 같은 다른 품사를 꾸며주는 역할을 하기 때문에 감정이나 생각을 표현할 때 특히 자주 쓰인다. 그래서 부사는 꽤 경제적인 표현이기도 하다. '너무', '가장', '잘', '완전히'처럼 복잡한 감정이나 수치, 생각을 한 단어로 압축해 간단하게 표현할 수 있기 때문이다. 하지만 빠르고 간단한 만큼 우리 일상에서 남용되는 경우가 많다.

뻔하지 않은 표현으로 매력을 느끼게 하고 싶다면, 먼저 부사의 사용을 줄여보자. 부사 대신 이를 대체할 다른 표현을 넣으면 평범한 말에 개성이 생긴다. 예컨대 "너무 좋아"라는 표현에서 '너무'를 대체하는 나만의 언어를 만들어보는 것이다. 뭔가를 표현할 때 입이 쉽게 떨어지지 않을수록 부사에 대한 의존도가 높다고 볼 수 있다. 대표적으로 자주 사용하는 부사를 점검해보고 일상적인 말 습관에서 이를 줄이도록 노력하는 것은, 말로 나만의 개성을 드러내는 데 꼭 필요한 과정이다.

습관적으로 사용하는 대표적인 부사

라디오 멘트를 편집하다 보니 출연자들이 특히 자주 쓰는 부사를 발견할 수 있었다. 우리 문화에서 습관처럼 쓰이는 부사로는 '너무'와 '진짜'가 가장 먼저 꼽힌다. 특히 무언가에 대한 감정을 말할 때 자주 등장한다.

"어제 본 드라마, 너무 재밌었어."
"그래? 나는 진짜 지루하던데."

'너무'와 '진짜'처럼 강조의 의미를 나타내는 부사의 문제점은 이로 인해 표현이 단순해진다는 것이다. 특히 무난하고 흔한 형용사, 동사를 표현할 때 감정을 극대화하기 위해 이런 부사를 사용하곤 한다. 그 때문에 표현이 밋밋해지고, 이를 방지하기 위해 부사를 더 많이 사용하면서 악순환이 된다. 이렇게 습관이 된 부사는 더 좋은 표현을 고민할 여지를 주지 않는다. 강조의 의미를 넣었기 때문에 내 감정이 어느 정도는 전달되기 때문이다. 그러다 보면 생명력을 가진 매력적인 표현에서 점차 멀어진다. 말을 듣는 상대로서는 감정을 어느 정도 짐작은 할 수 있지만 깊이 공감하기엔 막연하다는 느낌을 받는다.

"다음 소개해드릴 곡은 제가 너무너무 좋아하는 곡입니다."
⟶ "다음 소개해드릴 곡은 들을 때마다 제 가슴이 매번 콩닥거리는, 그만큼 좋아하는 곡입니다."

"조금 전 면접 본 분 말이에요. 대화하는 동안 진짜 일을 잘하실 것 같다는 생각이 들었어요."
⟶ "조금 전 면접 본 분 말이에요. 대화하는 동안 편안하면서도 강단 있다는 인상을 받아서 일을 잘하실 것 같다는 생각이 들었어요."

"얼마 전에 너무 기분 좋은 일이 있었어."

→ "얼마 전에 너무 기분 좋은 일이 있었어. 지금 말하면서 떠올리기만 해도 광대가 씰룩거릴 정도야."

어떤 DJ가 소개한 곡이 더 듣고 싶은가? 어떤 사람이 말한 면접자의 이미지가 더 구체적으로 그려지고 설득력이 있는가? 일상적인 대화 역시 마찬가지다. 대화를 나눌수록 매력이 느껴지는 말은 말하는 사람과 이어질 이야기에 대한 호기심이 생기게 한다. 일상에서 스쳐 지나가는 수많은 말 중 이렇게 마음을 붙드는 표현은 몇 가지 기술과 연습을 통해 충분히 내 것으로 만들 수 있다. '너무'나 '진짜' 같은 부사를 습관적으로 사용했다면, 이어지는 말에서 그 부사를 충분히 설명해주는 것이 좋다. 그렇게 하면 듣는 사람이 조금 더 공감할 수 있고 매력적으로 느끼는 생생한 말하기가 가능해진다.

같은 감정일지라도
좀 더 생생하고 따뜻하게 전하는 법

　매력적인 언어 표현에 대해 깊게 고민하고 탐구하기 시작한 시기는 나 자신의 한계를 처음 깨달았을 때다. 라디오의 수익 구조가 악화되면서 제작비가 축소됐고, 청취율이 가장 낮은 시간대 방송의 연출과 진행을 겸하게 됐다. 누군가의 말을 듣고 편집하고 연출하던 사람에서 직접 진행하는 사람으로 입장이 바뀌고 보니 어려운 점이 예상보다 더 많았다. 마음에서 우러나오는 말을 하면 된다고 생각했지만, 내가 하는 말에 내가 느끼는 감정이 다 담기지 않았던 것이다. 나아가 그보다 더 큰, 근본적인 문제를 발견했다. 바로 표현의 한계다. 누구나 할 수 있는 뻔한 말과 표현으로는 소리 매체인 라디오에서 내가 느끼는 마음의 표정을 담을 수 없었다.

지금도 감사하게 생각하는 건, 내 말을 직접 들으며 편집해야 했던 업무 덕분에 내게 부족한 부분을 빨리 체감하고 연구할 수 있었다는 점이다. 같은 감정일지라도 좀 더 생생하고 따뜻하게 전달하는 방법은 존재했다. 평소에 아무 생각 없이 습관적으로 사용하던 말 대신, 말을 하기 전 조금 더 많은 고민을 하기 시작했다. 원고에 더 나은 표현을 메모해두고, 겹치는 말을 줄여봤다. 이동 중에는 타사의 라디오를 들으며 매력적인 DJ들은 어떻게 감정 표현을 하는지 모니터링하며 나와 비교해봤다. 그러다 보니 표현을 생생하게 만드는 나만의 몇 가지 기술들이 생겨났다. 표현이 바로 생각나지 않을 땐, 이 방법들이 무척 유용했다.

말에 생동감을 입히는 동사 활용

말이 지루하고 개성 없게 느껴지는 이유는 예측 가능하기 때문이다. 명상 음악처럼 말이다. 익숙한 코드 진행, 변화 없이 흘러가는 리듬, 잔잔한 멜로디로 구성된 음악은 사람을 잠들게 한다. 하지만 우리의 심장이 반응하는 음악, 들을수록 빠져드는 음악은 어딘가에 의외성을 지닌다. 느리게 시작했다가 점점 빨라지는 리듬, 익숙한 코드 진행을 탈피해 의외의 코드로 세련된 톤을 만드는 편곡처럼 말이다. 의외의 전개로 지루함을 느낄 틈 없이 귀를, 마음을 사로잡는 것이다. 만약 내가 말할 때 상대가 따분해한다는 인상을 받은 적이 있다면, 지루한 명상 음악처럼 말하고 있지는 않았는지 한번 점검해보자. 익숙한 표현을 재정비할 타이밍이다.

먼저 자신이 대표적으로 자주 쓰는 형용사, 동사가 있을 것이다. 음식을 떠올리면 맛있다 또는 맛없다, 영화를 봤다면 재밌다 또는 지루하다와 같은 표현 말이다. 앞에 앉은 상대를 명상의 시간으로 이끌고 싶지 않다면 여기에 변주를 넣어야 한다. 바로 자주 쓰는 형용사의 자리에 동사를 넣고, 동사로 표현하던 것을 형용사로 표현하는 것이다. 의외성을 탈피하면 표현이 생생하고 매력적으로 느껴진다.

"그 영화, 나는 좀 지루했어."(형용사)
➞ "그 영화, 나는 좀 하품 났어."(동사)

함께 일하던 동료가 '졸려'가 아니라 '잠 와'라고 사투리를 썼을 때 그 표현을 귀엽다고 느꼈던 기억이 난다. 물론 '졸리다'는 형용사이자 동사이지만 '잠이 온다'라는 조금 더 동적인 표현을 썼을 때 표준어에 익숙했던 사람은 이를 신선하다고 느끼게 된다. '지루하다'라는 자주 쓰이는 표현 대신 '하품이 난다'라는 표현 역시 마찬가지다. 움직임을 넣어 말하면 느낌이 동작으로 그

255

려진다. 같은 원리로 '슬프다'는 '눈물 난다', '설렌다'는 '가슴이 뛴다'처럼 아주 약간의 변형만으로도 말에 생동감을 더할 수 있다.

"이야기를 듣다가 슬퍼졌습니다."(형용사)

➡ "이야기를 듣다가 눈물이 났습니다."(동사)

표현에 구체성을 더하는 '어떻게?'

앞에서 이야기했던 '부사'를 제거하면 표현을 어떻게 해야 할지 막막해질 때가 있다. 이럴 때 '어떻게?'를 자문해보면 감정이나 생각을 좀 더 구체적으로 표현할 수 있게 된다. 질문 뒤 맨 처음 떠오른 큰 의미를 조금 더 세부적인 느낌으로 바꿔보는 것이다. 그렇게 바꾼 표현을 부사를 대신해 사용하는 방법이다.

"어제 본 드라마, 너무 재밌었어."

➡ "어제 그 드라마, 보는 내내 숨이 막히더라. 짜릿했어."

➡ "어제 그 드라마, 모처럼 시간 가는 줄 모르고 봤어."

'재미있었다'라는 포괄적인 범주의 표현을 '어떻게'를 떠올려 세분화된 표현으로 바꾸었다. 어떻게 재미있었는지를 생각해보면 '숨이 막혔다', '스릴 넘쳤다', '짜릿했다'처럼 더 구체적인 표현이 가능해진다. '어떻게'를 떠올렸을 때 나의 모습을 묘사해도 좋다. 시간 가는 줄 모르고 봤다는 표현은 '너무 재밌었다'라는 표현보다 장면을 더 구체적으로 그리게 해준다.

"네 행복이 가장 중요해."
⟶ "네 행복이 내 기쁨보다 더 중요해."

'가장'이라는 부사 역시 어떤 것과 비교해 가장 중요한지를 떠올려보면 그 의미를 더 구체적으로 전달할 수 있다. 누군가에게 감동을 전하는 말을 하고 싶다면 부사가 붙은 형용사나 동사를 조금 더 자세하게 표현하는 연습을 해보자.

오감을 활용해 말하기

말을 들을 때 장면이 생생하게 그려지고 상상이 될수록 더 집중하고 흥미를 갖게 된다. 영화의 한 장면을 그리듯 나의 감정을 묘사하는 것도 좋지만, 또 다른 방법은 오감을 활용해 말해보는

257

것이다. 시각 · 청각 · 후각 · 촉각 · 미각으로 감정이나 생각을 표현하는 것은 말뿐만 아니라 글을 쓸 때도 표현을 풍부하게 하는 방법이다.

> "싱싱한 굴은 탱탱해. 딱 터트리는 순간 하아, 바다 내음이 확 날 거야. 매생이 바로 딴 거 파바바바 끓여 딱 먹으면 오장육부 소장 대장까지 뜨뜻해."

〈전지적 참견 시점〉에 나왔던 이영자의 맛 표현이 화제가 된 적이 있다. 매생이 굴국밥을 묘사하는 말에 나도 모르게 군침이 돈다. 국밥 속 굴의 모습을 '탱탱하다'라는 시각적 표현, '바다 내음'이라는 후각적 표현, 그리고 오장육부가 따뜻해진다는 촉각적 표현으로 오감 표현을 완성했다.

> "멜로디와 리듬이 봄에 들으면 딱이에요."
> ➡ "보라색 라일락이 떠오르는 곡이에요. 아주 향기로운 봄 내음이 심장을 간질간질하게 만듭니다."

'봄과 어울리는 곡'이라는 표현을 할 때도 오감을 활용하면 장면이 생생하게 그려진다. 이처럼 생생한 표현을 하려면 평소에 조금씩 트레이닝을 하는 것이 좋다. 단순히 느껴지는 일차적 감각이 아닌, 오감 중 다른 감각으로 표현을 해보는 것이다. 귀로 들리는 음악에 대한 표현이라면 청각적으로 느껴지는 것에 대한 묘사가 아니라 시각·후각·촉각 등으로 대체해 표현하는 식이다.

말을 매력적으로 하고 싶다면 조금 더 부지런해지자. 출근하는 직장인이 옷 코디나 머리 스타일에 신경을 쓰려면 남들보다 더 일찍 일어나야 하는 것과 같다. 특히 프레젠테이션을 하거나 발표를 하는 상황처럼 말 한마디 한마디가 중요한 상황일수록 외적인 매력에 투자하는 만큼의 노력을 말에도 기울여보자. 말은 근육과 같아서 투자하고 노력한 만큼 보답한다. 처음엔 쉽지 않았더라도 좋은 표현을 위해 꾸준히 시간을 투자하다 보면 어느 순간 힘을 들이지 않아도 알록달록 생생한 표현이 자연스럽게 흘러나올 것이다.

사소해 보이지만
결코 사소하지 않은 잡담

친화력을 타고난 사람이 아니라면 서먹한 사이에서 대화를 자연스럽게 이어가기는 쉽지 않다. 점심을 함께하게 된 상사, 친구의 성화에 못 이겨 나간 소개팅 상대, 명절 때 가끔 만나는 먼 친척 어른들처럼 서먹함을 깨고 대화를 이어가야 하는 상황은 다양한 모습으로 우리를 찾아온다.

그래도 일정 시기까지는 인생 선배 또는 선임이 이끌어가는 방향에 맞춰 대답하고 경청하면 어색한 대로 그럭저럭 시간이 흐른다. 하지만 어느 순간, 적극적인 화자가 되어야 할 필요성을 느끼기 시작한다. 내가 대화를 주도해야 하는 어른으로서의 역할을 맡을 차례가 됐을 때다.

나 역시 후배들이 들어오고 많은 스태프를 리드해야 하는 업무를 맡게 되면서 이전보다 더 적극적으로 소통을 해야 했다. 특히 업무상 소통 외의 소소한 대화, '스몰 토크'가 생각보다 중요하다는 걸 알게 됐다. 사소해 보이는 일상의 대화지만, 그 효과는 절대 소소하지 않았다. 잡담은 서로 친밀함과 호감도를 쌓는 소통의 도구였다. 잡담 덕에 경직됐던 업무 분위기가 풀려 따뜻한 분위기 속에서 시너지가 나는 일도 많아진다는 걸 체감했다. 결국 일이란 사람이 하는 것 아닌가.

'나 다음 너' 화법으로 주고받는다

어색함을 깨고 좋은 분위기를 만들기 위해 대화를 이어가는 가장 좋은 방법은 바로 '질문'이다. 질문을 잘하면 대화를 자연스럽게 이어갈 수 있다. 그렇다면 소소한 잡담을 하는 상황에서 어떤 질문이 대화를 계속 이어가게 해주는 다리가 될까?

좋은 질문의 기술을 소개하기에 앞서, 대화를 끊기게 하는 반대 화법을 하나 소개한다. 특히 어색한 상황에서 긴장을 하거나 대화를 리드해야 한다는 압박이 큰 나머지 자신도 모르게 이런 화법을 쓰게 될 수 있다. 바로 '나는~'으로 시작되는 '나 화법'으로, 상대의 이야기를 듣지 않은 채 대화가 나 중심적으로 흘러가 버린다. 심한 경우 상대가 이야기를 꺼냈더라도 결국 '나'의 생각, '내'가 겪은 이야기로 이어져 결국 '나'로 대화가 종결된다.

'나 화법'을 주로 쓰는 사람은 정작 자신의 이런 대화 방식을 인지하지 못하는 경우가 많다. 나 역시 게스트와의 대화를 내가 직접 편집하고 나의 말투를 모니터링할 기회가 없었다면 대화 속 '나'와 '상대'의 지분이 어느 정도인지 깨닫지 못했을 것이다. 나 위주로 흘러가는 대화는 상대나 제3자는 물론, 편집을 하면서 객관적으로 내 목소리를 듣는 자신에게조차 따분하고 지루하다고 느껴진다. 오가는 대화 속에서 형성되는 공감과 교류의 온기 대신 일방통행으로 인한 차가운 공기만 남는다.

이처럼 일방적인 대화를 방지하기 위해서는 대화에서 '나'와 '너'의 지분이 적절해야 한다. '나 다음 너' 화법을 써보자. 먼저 '나'의 이야기를 한 다음, 상대에게 '너'는 어떤지 또는 어떻게 생각하는지 묻는 방법이다. 단순히 '너는 어때?'와 같은 가벼운 질문도 좋다. 핵심은 대화의 축을 '나'에서 '너'로 옮기는 것이다. 질문을 받은 상대는 자연스럽게 자신의 이야기를 꺼낼 것이고, 이를 잘 듣고 대답하는 식으로 대화를 물 흐르듯 이어가면 된다.

> "이 사연을 들으니, 제가 예전에 이야기했던 저의 학창 시절 경험이 떠오릅니다.(나 화법) 좀 묘한데요. ○○님은 어떠세요?(너 화법)"

특히 나와 성향이 다른 진행자와 함께 라디오를 진행하던 시절, 내가 자주 활용했던 방법이다. 청취자의 사연을 듣고 '나'의 생각을 먼저 꺼낸 후, 다른 진행자에게 '너'는 어떻게 생각하는지 마이크를 돌렸다. 좋은 토크쇼를 보면 진행자와 게스트가 일정 비율로 대화를 주고받으며 티키타카Tiqui-Taca(탁구공이 왔다 갔다 한다는 의미의 스페인어) 흘러간다. 그렇게 대화가 오가는 과정에서 청취자는 재미를 느낀다. 일상의 대화 역시 마찬가지다. 생각이나 취향 등을 묻고 이에 대한 생각을 말하고 공감하는 과정에서 지루하지 않고 흥미로운 대화로 이어질 가능성이 커진다.

반대로 '나' 중심 화법은 일방적으로 호감을 갖고 있는 '팬'과 '스타'의 관계가 아니라면 지루한 대화를 만드는 일등 공신이다. 심지어 스타들조차 소통 방송에서 다수의 팬에게 '너'는 요즘 어떻게 지내는지와 같은 안부를 묻는다. 팬들은 이런 말을 들을 때 마치 가까운 사람과 소통하는 것 같은 느낌을 받고, 스타와의 소통 방송을 더욱 기다리게 된다.

자신의 영화에선 누구나 자기가 주인공이다. 따라서 누구나 어쩔 수 없이 자기중심적으로 생각하고 행동하게 되어 있다. 하지만 '나'에서 조금만 벗어나 상대에게 관심을 가진다면 대화에 온기를 더할 수 있다. 다음의 나 중심 화법, 나 다음 너 화법을 비교하며 대화의 차이를 느껴보자.

나 중심 화법

"휴대폰 케이스 샀어?"

"응, 이번에 샀어. 내가 좋아하는 디자인이야."

"그렇구나. 예쁘다."

"고마워."

나 다음 너 화법

"휴대폰 케이스 샀어?"

"응, 이번에 바꿔봤어. 어때? 괜찮아?"

"예쁘고 시원해 보여. 지금 계절이랑 딱 어울리는 디자인
이네."

"그렇지? 아이스크림 먹고 싶을 때마다 대리만족하려고."

"왜 아이스크림을 참아? 혹시 다이어트 중이야?"

열린 질문을 한다

나 다음 너 화법으로 상대에게 질문을 던지다 보면 또 한 번
막히는 순간이 있다. 바로 상대에게 질문을 했는데, 단답이 돌아
왔을 때다.

"점심 맛있었어요?"

"네. 먹을 만했습니다."

"그렇군요."

"혹시 공포 영화 좋아하세요?"

"아니요. 싫어해요."

"아, 저는 좋아하는데…."

대화의 중심을 '나'에서 '너'로 돌리기 시작했다면, 이번에는 대화를 이어가는 질문의 기술을 익힐 차례다. 질문은 크게 '열린 질문'과 '닫힌 질문'으로 나눌 수 있다. 닫힌 질문은 '예', '아니요'처럼 짧게 대답이 가능해 대화가 닫혀버리는 질문을 말한다. 반면 열린 질문은 상대의 생각을 묻는 것처럼 다양한 선택지를 둠으로써 대화를 길게 이어갈 수 있게 해준다. 앞의 닫힌 질문들을 열린 질문으로 바꾸면 다음처럼 대화가 이어질 수 있다.

"점심 메뉴로 뭐 드셨어요?"

"저 앞에 새로 생긴 음식점에서 비빔밥 먹고 왔어요."

"오, 그 집 음식 어때요?"

"괜찮던데요? 반찬들이 실하니 아주 잘 나오더라고요."

"어떤 영화 좋아하세요?"

"저는 좀 밝은 영화 좋아해요. 로맨틱 코미디처럼 기분 좋게 볼 수 있는 영화요."

"그렇군요. 저도 로맨틱 코미디 좋아하는데!"

"잘됐다! 그럼 최근에 나온 영화 하나 추천해드릴게요. 모처럼 시간 가는 줄 모르고 재밌게 봤어요."

　단순히 '예', '아니요'로 끝나는 닫힌 질문과 달리 열린 질문에서는 대화의 또 다른 소재를 끄집어낼 수 있다. 그래서 서로 의지만 있다면 질문하고 답하며 대화를 이어갈 수 있다. 특히 연차가 쌓이고 인생의 후배들이 많아지는 어른이 될수록 열린 질문을 하는 것이 좋다. 세대가 다른 후배들의 생각이나 취향을 들음으로써 굳어졌던 자신의 세계를 확장할 수 있는 계기가 될 것이다.

무탈한 잡담을 위한
'아무 말'에도 기술이 필요하다

 밥벌이를 하는 어른이 된 이후, 대화의 필요성을 느끼면서도 선뜻 입을 떼기 쉽지 않은 순간들을 마주할 때가 있다. 나와 공통점이라고는 하나도 찾을 수 없는 세대, 업무 분야나 관심사까지 이렇게 완벽히 다를 수 있나 싶은 사람과 대화를 나누어야 하는 순간이 그렇다. 어색하게 한두 마디를 던져보지만 곧이어 적막이 흐르기 일쑤다. 게다가 때론 내 취향이나 의견을 드러내지 않는 게 더 나은 상대나 상황도 있다. 일로 만났지만 사적으로 엮이면 피곤해질 사람, 타인에 대해 이러쿵저러쿵 뒷말하기를 좋아하는 사람도 있으니 말이다.

 타인에 대한 이야기를 함부로 하는 사람과 우연히 함께 길을 걷게 된 적이 있다. 평소 가십거리를 옮기고 다닌다는 이야기를 많이 들었기에, 나름대로 방어적인 태도로 대화에 임했다. 나에 대한 이야기를 하고 싶지 않아서 회사와 관련된 이야기를 꺼냈는데, 아차 싶었다. 회사에서도 서로의 입장과 이해가 달랐기 때문이다. 상반된 입장 탓에 가볍게 시간을 보내려 했던 내 의도와 달리 대화는 가볍지 않은 흐름이 되고 말았다. 애써 수습을 하고 나서 깨달았다. '아무 말' 역시 기술이 필요하다는 것을.

'가치' 대신 '같이' 즐길 수 있는 소재를 찾는다

원치 않는 방향으로 대화가 흘러가지 않게 하려면 무엇보다 소재 선정이 중요하다. 어색하고 무거운 분위기를 풀고 가볍게 대화를 나눌 수 있는 소재 말이다. 나의 사례처럼 업무나 회사의 정책 등과 관련된 이야기는 아무 말의 소재로 적합하지 않다. 의견이 달라 마찰이 생기거나 견해 차이 때문에 곤란한 상황을 겪을 수 있기 때문이다. 잘 모르는 상대와 불필요한 논쟁거리를 만드는 것은 바람직하지 않다.

어색한 상대와 대화할 때는 '가치'보단 '같이'를 택하자. 가치가 들어간 주제 대신 같이 즐길 수 있는 소재 말이다. 정치나 종교처럼 서로 추구하는 가치나 신념이 달라 논쟁으로 번질 수 있는 소재는 금물이다. 견해 차이가 존재하는 회사 이야기 역시 마찬가지다. '같이' 즐길 수 있는 소재를 골라야 한다.

그런데 공통점이 거의 없는 사람과 '같이' 즐길 소재를 찾는 것은 쉬운 일이 아니다. 이럴 때는 유튜브가 힌트가 된다. 먹방, 뷰티, 여행, 예능처럼 유튜브에서 조회 수가 높고 장르화가 된 대표적인 카테고리들은 대부분이 좋아하고 관심을 갖는 주제로 볼 수 있다. 이렇게 누구나 좋아하고 즐길 수 있는 보편적인 소재를 떠올려보는 것이다. 예컨대 먹방은 어떤가? 맛집, 훌륭한 음식에 대한 이야기는 대부분 사람이 좋아하지 않는가.

상대에 대해 아주 조금이라도 정보를 가지고 있다면, 이렇게 큰 카테고리에서 적합한 주제를 골라 이야기를 꺼내보는 것이다. 만약 유난히 먹는 것에 까탈스러운 상대라면 뷰티나 여행 같은 다른 관심사로 돌려보자. 직장인이라면 휴가 때 놀러 갈 여행지도 좋은 소재가 될 수 있다. 나 역시 흥미가 있어 '같이' 즐길 수 있는 소재라면 분위기를 풀어가기 좋다.

> "회사 뒤에 새로 생긴 횟집 가보셨어요? 거기 점심 특선으로 홍게 라면을 파는데요. 국물이 기가 막히더라고요."

생각만 해도 미소가 지어지는 카테고리가 있는가? 나의 경우 맛있는 음식이 그렇다. 어색한 사이일지라도 누구나 좋아할 만한 소재를 선정해 서로 웃으며 이야기를 나누다 보면 분위기가 부드러워질 것이다. 만약 상대가 나보다 나이가 많고 무엇을 좋아하는지에 대한 정보가 하나라도 있다면, 그것에 대해 말하자. 사람들은 대부분 자신이 좋아하는 분야에 대해 말하는 걸 즐거워하기 때문이다.

눈에 보이는 것에 대해 말한다

어색한 사이라고 해서 아무 말이나 던지다 보면 후회할 일이 생길 수 있다. '그 말을 대체 왜 했을까' 하며 이불 뒤집어쓰고 발길질을 해도 뱉은 말은 주워 담을 수 없다. 아무 말이나 던져서 분위기를 풀어야 하는 상황일지라도 아무 소재나 택해선 안 된다. 내 경험상 실전에서 아주 유용했던 '아무 말'의 기술을 전한다.

평소 어렵게 느끼던 상사와 단둘이 엘리베이터에 탄 적이 있다. 30초가 채 안 되는 시간이었지만 무슨 말이라도 꺼내 어색한 분위기를 풀고 싶었다. 이때 엘리베이터에 걸린 포스터가 눈에 띄어 그 이야기를 꺼냈다. 포스터가 주기적으로 바뀐다는 이야기였다. 상사는 웃으며 맞장구를 쳤고 그러는 사이에 엘리베이터 문이 열렸다.

이렇게 짧은 순간을 포함해 누군가와 갑작스럽게 잡담을 하게 됐을 때 '눈에 보이는 것'은 유용한 대화 소재가 된다. 상대와 나에게 모두 보이는 것, 눈에 띄는 것 위주로 말을 시작하면 이어갈 말이 떠오르지 않더라도 자연스레 대화가 이뤄진다. 특히 상대에 대한 정보가 전혀 없고 무슨 말을 걸어야 할지도 모르겠다면, 함께 볼 수 있는 것 위주로 말을 걸어보자. 대화를 주고받기가 수월해진다.

"저 빌딩 말이에요. 공사가 계속 진행 중이었는데 거의 끝났나 봐요."

"그러게요. 한동안 공사로 시끄러웠는데 이제 좀 조용해지려나?"

"맞아요. 일할 때 한 번씩 큰 소리가 나서 이어폰을 끼곤 했는데, 드디어 끝이 보이네요."

길을 걷던 중이라면 보이는 건물, 그 건물에 있는 분위기 좋은 카페, 그 옆의 맛집처럼 우리 주변에 대화 소재는 무궁무진하다. 여기에 앞서 언급한 '대부분 사람이 좋아하는 카테고리'를 접목하여 소재를 고르면 더 매끄럽게 가벼운 대화를 진행할 수 있다.

그런데 포스터 하나 없이 아무것도 없는 엘리베이터처럼, '보이는 것'에 대한 이야기를 하기가 어려운 상황도 있다. 이럴 때는 '들리는 것', '느껴지는 것'처럼 오감으로 확장해 소재를 찾아보

자. 엘리베이터에 흐르는 클래식 음악 또는 느릿느릿해서 답답한 엘리베이터 속도 등도 좋은 소재다.

"탈 때마다 늘 클래식 음악이 나오네요."
"맞아요. 그런데 밤 10시 이후에는 안 나오더라고요. 누군 가가 틀어주시는 건가 싶어요."
"그랬군요. 자동으로 나오는 줄 알았는데!"

내가 길에서 만났던 회사 사람처럼, 내 생각이나 느낌을 최대한 덜 드러내고 싶은 상대와 대화할 때는 내 '가치'를 넣은 말 대신 '상태'를 말하는 방법도 좋다. "여기 포스터가 있네요", "엘리베이터에서 클래식이 나오네요"처럼 눈에 보이는 것, 들리는 것을 그냥 말하는 것이다. 생각이나 느낌이 들어가 있지 않은, 상태에 대한 말이기 때문에 상대도 시비를 걸래야 걸 수가 없다. 이것이 바로 현명한 아무 말이다.

멜로디와 리듬을 타며
대화의 흐름에 올라타기

공포 영화에는 장면의 불안감을 고조시키는 음악이 등장한다. 음악 때문에 이어질 장면에 대한 두려움이 배가되고, 관객의 감정은 감독의 의도대로 요동친다. 공포 영화 음악처럼 불편한 감정을 불러일으키는 음악에는 크게 두 가지 특징이 있다. 바로 '불협화음'과 예측할 수 없는 '리듬'이다. 곡을 만들 때 작곡가는 사람의 귀에 조화롭게 들리는 음정 대신 어울리지 않는 음을 조합한 불협화음을 선택한다. 의도적으로 불안함을 선택해 만들어진 곡을 들으면 관객은 그것만으로도 불안한 감정을 느끼게 된다. 리듬 역시 마찬가지다. 불안정하게 빨라졌다 느려지는 박자는 어디서 무언가가 갑자기 튀어나올지 모르는 공포 영화의 장면과 만나 심장을 쫄깃하게 한다.

만약 여러 사람 사이에서 대화를 할 때 유독 어색하고 겉도는 것처럼 느껴진다면 이런 음악의 원리를 떠올려보자. 여러 사람의 대화는 마치 합주와 같다. 멜로디를 내는 악기처럼 대화의 화두를 던지는 사람, 낮게 깔리는 베이스처럼 리액션을 하며 어우러지는 사람, 비트를 만드는 드럼처럼 전반적인 분위기를 형성하고 주도하는 사람. 이렇게 각자의 개성이 담긴 말투와 반응으로 대화가 만들어지는 것이다. 그러므로 여러 사람 사이의 대화에서 내가 던진 말 한마디가 공포 영화 속 불협화음으로 느껴지지 않게 하려면 대화 속 멜로디와 리듬을 알아채야 한다. 엇박자나 불협화음으로 스릴이나 공포감을 조성하려는 의도가 아니라면 말이다.

멜로디에 맞춰 감정선을 놓치지 않는다

여러 사람과의 대화가 유독 어려운 이유 중 하나는 1:1 대화와 달리 잠깐이라도 한눈을 팔면 대화의 흐름을 놓치기 쉽다는 것이다. 타인이 주도하는 대화일 때, 그의 말이 길어지면 집중력이 흐트러지고 대화에서 중심을 잃게 된다. 게다가 여러 사람이 있기 때문에 따라잡지 못했더라도 질문 대신 적당히 아는 척 넘어가야 할 때도 있다. 다른 사람이 눈치채지 못하게 대화의 궤도

274

로 잽싸게 돌아오는 요령이 필요해지는 것이다. 이럴 때 주목해야 할 것이 바로 대화의 멜로디, 즉 말을 하는 사람들의 '감정선'이다.

> "…. 그런데도 오늘까지 당장 마무리하라는 거야. 내가 힘들다고 업무 조정해달라고 한 지가 석 달이 넘었는데 말이야."

동료에게 이런 말을 들었다면 어떻게 반응하겠는가? 앞의 말을 잠시 놓쳤더라도 상대의 '감정선'을 중심으로 대화를 따라가다 보면 엉뚱한 대답을 피할 수 있다. 대화에서 풍기는 멜로디의 분위기를 파악하면 위로나 격려가 필요한지, 해결이 필요한 말이었는지 파악하기가 수월해진다.

- 대답 1: "뭐야. 여태까지 조정도 안 해줬으면서 일정을 그렇게 촉박하게 줬다고? 아유, 힘들겠다. 내가 도와줄 일 없을까?"
- 대답 2: "업무 조정 이야기 꺼냈다는 거 지난달 아니었어? 저번에 이야기 듣기론 그랬던 것 같은데…"

만약 당신이 과도한 업무에 시달리고 있는 당사자라면 도움이 되는 대답은 1번처럼 함께 공감해주고 도움을 주고 싶어 하는 사람의 말일 것이다. 반면 감정의 흐름을 따라잡지 못한다면 대답 2처럼 불필요한 '팩트 체크'로 대화의 흐름을 끊게 된다. 일상의 대화에서 의도하지 않았던 불협화음을 내게 되는 건 바로 이런 감정선을 따라잡지 못하기 때문인 경우가 많다. 다음의 대화를 보자.

> A: "어쩜 그렇게 말을 재밌게 하는지. 집중해서 보다가 어제 늦게 잤잖아."
> B: "그치. 요즘 볼 영상이 별로 없었는데 나도 요즘 매주 기다려지더라고."
> C: "근데 사실 MC가 하는 말 자체가 재밌는 건 아니지 않아? 오히려 비호감이라는 말도 많던데."

대화 속 A와 B는 유사한 감정의 선상에서 이야기를 나누고 있다. 한 프로그램의 MC와 그 프로그램에 대한 높은 호감도를 바탕으로 공감대가 형성되고 있다. 반면 C는 공감하지 못했다. 대신 A가 했던 말에 주목해 MC가 말을 재밌게 하는 건 아니라는 자신의 의견을 던지며 두 사람의 의견에 반박했다. C처럼, 나도 모르게 자꾸 다른 사람들의 대화에 공감하지 못하고 반대 의견을 제시하게 되는 경우가 있다. 자신도 의식하지 못하는 사이에

감정선을 놓지지 말고
멜로디와 리듬에 맞춰 대화의 흐름에 올라타라라.

타인의 말을 부정부터 하고 보는 것이다. 이 경우 역시 대화하는 사람들의 감정 흐름을 따라가기보다 자신의 생각, 사실 확인을 더 우선시하기 때문이다.

문제는 업무 대화처럼 토론이 필요한 상황이 아닌 가벼운 일상의 대화조차도 가볍게 넘기지 못한다는 데 있다. 밝은 팝 멜로디에 자꾸만 구슬픈 발라드 가락이 끼어드니 어색한 상황이 되는 것이다. 심한 경우 여기저기 시비를 걸고 다니는 사람처럼 비쳐 어느 순간 외톨이가 되고 만다. 여러 사람과의 대화에서 섞이지 못한다는 느낌을 자주 받거나 마찰이 생기는 일이 잦다면 한번쯤 점검해볼 필요가 있다. 지금 이 대화가 어떤 톤의 멜로디로 이루어진 음악인지, '댄스'인지, '발라드'인지 말이다.

리듬에 따라 호흡을 맞춘다

여러 사람과의 대화가 뜻하지 않은 스릴러나 공포 장르가 되지 않게 하려면 또 하나의 요소인 '리듬'도 중요하다. 상호 간의 대화가 어떤 빠르기로 진행되는지 오가는 말의 '호흡'에 집중해보는 것이다. 이어지는 대화가 댄스처럼 빠른 호흡으로 경쾌하게 이어지는지, 다소 느린 호흡으로 잔잔하게 흘러가는지 보고 어울리는 대답이나 리액션의 톤을 잡으면 된다.

A: "지난번 보고에서 말씀드린 것처럼, 상반기 실적이 상당히 중요합니다. 이에 따라 우리가 나아갈 방향이 정해질 듯합니다."

B: "그렇죠. 이번에 인력이 많이 투입됐고 준비 기간도 길었던 만큼 고객의 반응이 특히 중요합니다. 어쩌면 우리가 새로운 시도를 해보는 마지막 기회가 될 수도 있어요. C 팀장은 어떻게 생각하세요?"

C: "아⋯. 저도요."

C의 반응만 보면 회의 중 마치 딴생각을 하다가 들킨 사람 같다. 왜 그럴까? A와 B의 대화가 다소 긴 호흡으로 이어진 반면, C는 짧은 대답으로 호흡이 지나치게 짧았기 때문이다. 오가는 대화의 리듬을 파악해야 하는 이유가 바로 여기에 있다. 서로의 생각이나 비전을 긴 호흡으로 진지하게 공유하는 대화의 흐름 속에서는 조금 더 성의를 담은 긴 호흡의 대답이 어울린다. 반면 짧고 경쾌하게 티키타카가 이어지는 대화일 때는 장황하고 긴 호흡의 대답 대신 단순하고 함축적인 표현이 더 어울린다. 1장에서 다룬 단답 사용법처럼 단답을 함으로써 맥을 끊으려는 의도가 아니라면 말이다.

만약 성향상 빠른 호흡의 대화에 맞는 순발력이 부족하거나 대화에 어떤 답을 해야 할지 생각이 잘 안 난다면, 그냥 말을 하려는 강박을 버리자. 나서서 말을 하는 대신 대화에 귀 기울이며 이에 맞춰 반응하는 것이다. 마치 멜로디 라인을 연주하는 악기에 비트를 맞추는 드럼처럼 말이다. 이렇게 리액션을 할 때도 대화의 리듬을 알아채는 것이 중요하다. 빠른 호흡의 대화에서는 빠른 속도로 맞장구를 치고, 느린 호흡의 대화에서는 천천히 끄덕이며 공감의 몸짓을 하면 대화의 흐름에 자연스럽게 어우러질 수 있다.

여러 사람이 만들어가는 대화라는 합주에 참여하는 방법은 다양하다. 모두가 리드 기타를 맡을 수 없듯, 서로가 가진 성향에 따라 자연스럽게 호흡을 맞추면 조화로운 대화 분위기를 만들 수 있다. 리듬과 전체적인 멜로디를 따라가며 반응의 톤을 정하고 호흡을 조절한다면 억지로 말을 많이 하지 않아도 된다. 아름다운 음악과 마찬가지로, 좋은 대화에는 상호 간 공감과 배려를 바탕으로 한 자연스러움이 필수이기 때문이다.

진정성 있는 리액션을 위하여
점검해야 할 습관

라디오 프로그램엔 청취자와 전화 연결을 하는 코너가 종종 등장한다. 나는 이런 전화 연결 코너를 특히 좋아한다. 생방송을 통해 정제되지 않은, 솔직하고 매력 넘치는 청취자들의 이야기는 물론 이에 반응하는 DJ의 생생한 리액션을 듣는 재미가 있기 때문이다. 돌발 멘트를 재치 있게 받아치는 순발력을 지닌 사람, 화려한 멘트 없이도 깊고 따뜻한 리액션을 하는 사람 등 진행자들도 다양한 면모를 보여준다. 특히 말 한마디에서도 따뜻함이 묻어나는 DJ가 있다. 말이 화려하거나 많은 것도 아닌데, 진심으로 상대를 대한다는 것이 음성만으로도 충분히 느껴진다.

듣는 사람이 편안하고 자연스럽다고 느끼는 리액션을 하는 진행자들이 특히 잘하는 한 가지가 있다. 바로 '경청'이다. 단순히 상대의 말을 말없이 듣고 있다고 해서 모두 제대로 듣고 있는 것은 아니다. 습관적으로 고개를 끄덕여도 다른 생각을 하고 있다면, 상대의 이야기 중 대부분은 흡수되지 못하고 허공으로 흩어져버린다. 따라서 잘 듣기 위해서는 진심이 필요하다. 말하는 상대의 감정과 상황에 최선을 다해 이해하고 공감하고자 노력하는 마음 말이다. 상대의 말을 귀에, 가슴에 담으려 노력하며 집중하는 과정에서 자연스럽게 진심이 전해진다.

습관적 리액션은 진정성을 떨어뜨린다

마음을 다해 경청할 때, 습관적인 리액션을 하는 것을 특히 조심해야 한다. 리액션이 습관이 되면 오히려 상대의 말을 제대로 듣는 데 방해가 된다. 상대방의 말이 끝나기도 전에 고개를 끄덕이거나 대답하는 리액션의 경우, 말을 듣는 데 들어가야 할 에너지가 리액션을 하는 행위 자체로 분산될 수 있다. 정작 가장 중요한 말의 내용이나 흐름을 놓치는 불상사가 생길 수 있는 것이다. 상대의 말을 잘 들어주고 있다는 공감의 표시였더라도 결국 상대의 말이 기억에 남지 않아 '잘 듣는 척'만 한 셈이 된다.

인터넷 강의를 들을 때와 현장 강의를 들을 때를 비교해보면, 과도한 리액션이 얼마나 에너지를 분산시키는지 알게 된다. 인강을 들을 때는 선생님과 눈을 맞추고 리액션을 할 의무가 사라진다. 서로 교감하지 않아도 되는, 녹화된 영상이기 때문이다. 하지만 현장 강의는 다르다. 말하는 사람과 현장에서 함께 호흡하고 문답을 나누면서 수업이 진행되기 때문에 나의 역할이 꽤 중요해진다. 물론 현장 강의의 생생함 덕에 집중이 더 잘되거나 재미를 느낄 수 있다는 장점이 있다. 하지만 습관성 리액션을 하는 사람에게는 오히려 인강의 내용이 더 잘 들어올 수 있다. 리액션이 필요치 않기에 수업 내용에 더 집중할 수 있기 때문이다.

평소 사람들과 눈을 맞추고 리액션을 잘하는 편이라면 그 차이를 더욱 실감하게 된다. 나는 예전부터 많은 사람 앞에서 강의하는 사람을 배려하고자 열심히 고개를 끄덕이며 눈을 맞추려 노력했다. 학창 시절, 아이들이 집중하지 않아 힘들어하는 선생님들의 모습을 보면서 나라도 힘을 주는 학생이 되고 싶었다. 그런 마음 때문인지 성인이 된 이후에도 말을 하는 사람에겐 고개를 끄덕이며 눈을 맞추고 리액션을 하게 됐다. 하지만 일을 하면서 그런 리액션이 '제대로 듣는' 행위를 방해할 수 있다는 사실을 깨닫게 됐다.

만약 리액션에 영혼이 없거나 진정성이 없게 느껴진다는 이야기를 한 번이라도 들은 적이 있다면 확인해보는 것이 좋다. 상대의 말이 끝나기도 전에 습관적으로 리액션을 하진 않았는지, 경청을 표하기 위해 오히려 경청을 하지 못했던 것은 아닌지 말이다. 만약 자신이 그렇다면, 신경을 분산시키는 리액션의 횟수를 줄여보길 권한다. "네네", "맞아요" 같은 동의의 맞장구를 포함해 고개를 끄덕이거나 손뼉을 치는 것과 같은 비언어적 표현을 잠시 멈춰보자. 인강을 들을 때처럼 상대의 말이 끝날 때까지 가만히 경청한 뒤 리액션을 해도 늦지 않다. 상대의 이야기를 제대로 듣고 난 다음에는 억지로 리액션을 하려 하지 않아도 대답이 자연스럽게 우러나올 테니 말이다.

자기 수렴의 유혹을 떨쳐내라

사람은 누구나 자신의 세계 안에서 타인을 이해한다. 즉 상대의 말을 들을 때 자신의 경험 또는 지식의 범위만큼 공감하고 받아들인다. 그 때문에 타인의 말을 들으면서 자기도 모르는 사이에 '내' 이야기로 바꿔 해석하기도 한다. 바로 이 점을 주의해야 한다. 공감, 이해를 위한 재해석이라고 해도 결국에는 '내 이야기'로 수렴할 수 있으니 말이다.

"그 사람 대체 나한테 왜 그러는 걸까? 대놓고 티 낼 수도 없고. 사회생활은 해야 하니까 쉽지가 않네."

- 대답 1: "그러게. 나도 상사가 비슷하게 말한 적이 있었
  잖아. 힘들어 죽는 줄 알았어. 지난번에는 말이야…."
- 대답 2: "그러게. 가뜩이나 일 때문에 바쁜데 그 사람까
  지 나대니 정말 쉽지 않겠다. 부서를 옮기기는 어려운
  상황이야?"

  첫 번째 대답은 공감을 하려다가 결국 자신의 이야기로 수렴
한다. 반면 두 번째 대답은 상대에게 계속 관심을 갖고 이어서 질
문을 했다. 첫 번째 대답에서는 상대의 말에 대꾸를 했더라도 결
국 자기중심적으로 대화가 이어진다. 대개 이런 '자기 수렴'은 의
식하지 못한 사이에 자동으로, 습관처럼 이어진다. 특히 편하고
친한 상대일수록 리액션 후 곧바로 내 이야기를 하려는 유혹에
쉽게 빠져든다. 편하기 때문에 무의식중에 나 중심적으로 이야기
를 하게 되기 때문이다.
  자기로 수렴하는 대답의 가장 큰 문제점은 진정성 있는 리액
션을 위한 경청에 방해가 된다는 것이다. 상대의 이야기를 들으
면서 자신의 이야기를 떠올리게 되는 것까지는 어쩔 수 없다고
하더라도, 자신의 이야기로 이어 말하려는 유혹을 받으면 상대의
감정과 상황에 진심으로 공감하기가 쉽지 않다. 내 이야기를 하
려는 생각이 상대의 이야기를 오롯이 집중해 듣는 것을 방해하
기 때문이다. 심할 경우 상대의 말이 끝나기만을 기다리게 된다.

자기 말을 하기 위해 끝을 기다리는 태도로는 말에 진정성을 담아내기 어렵다.

이렇듯 나도 모르게 자꾸만 내 이야기로 수렴하게 된다면, 리액션을 할 때 의식적으로 주어에서 '나'를 빼는 연습을 해보자. 그리고 상대의 이야기 속 대상으로 주어를 바꾸어보자. 관련된 질문을 던지면서 다시 한번 상대의 이야기를 경청하면, 생각이 잠시 나 중심으로 흘렀더라도 금방 다시 상대의 말에 집중할 수 있게 된다.

- "정말 쉽지 않겠다. 예전에도 그 사람이 너 힘들게 했다고 하지 않았어?"
- "네가 사람 때문에 이렇게까지 어려워하는 것 처음 본다. 괜찮아?"

때론 여러 마디의 말보다 진중하게 들어주는 눈빛에서 힘을 얻기도 한다. 거창한 위로 없이도 상대가 보내주는 따뜻한 마음이 표정이나 태도에서 느껴질 때도 있다. 어떻게 리액션을 해주어야 할지 빠른 판단이 서지 않을 때는 마음을 다해 귀 기울여 이야기를 들어주자. 그것이 최고의 리액션이다.

이모티콘 없이도 담백하게
문자에 표정을 담는 법

실제로 만났을 땐 따뜻하다고 생각했는데, 유독 문자로 대화를 나눌 때는 차갑게 느껴지는 사람이 있다. 문자로 대화를 나누다 보면 화가 난 건 아닌지, 무언가 잘못됐는지 돌아보게 되는 말투가 있다. 그래서 자신에게도 같은 질문을 해보게 되는데 특히 마음의 여유가 부족한, 빠르게 돌아가는 업무 상황에서 그렇다는 걸 알게 된다. 마음과 달리 문자 대화에서는 딱딱하고 사무적인 말투가 되는 것이다.

그러다 보니 딱딱함을 덜어내기 위해 대화에 부호를 붙이게 된다. 느낌표나 물음표, 물결 표시(~) 같은 부호로 말의 어감을 전하려 하는 것이다. 눈웃음과 같은 이모티콘을 더하기도 한다. 그런데 이런 부호들은 받는 사람, 세대에 따라 해석이 달라질 수 있다. 예를 들어 웃음의 의미를 담아 자주 사용하는 'ㅋ'이나 'ㅎ' 이 있는데, 무심코 사용하는 'ㅋ'을 '큭' 하는 비웃음으로 받아들이는 사람도 있다. 이런 오해를 불러일으키지 않으려면, 특히 비즈니스 메일이나 전문적인 소통을 해야 하는 관계에서는 부호를 되도록 사용하지 않는 편이 낫다. 지나치지 않으면서 담백하게, 문자에 표정을 담는 방법은 없을까?

문자에서도 인사말이 첫인상을 좌우한다

사람 사이의 관계와 마찬가지로 대화에서도 첫인상은 매우 중요하다. 말의 시작과 끝이 좋으면 사적으로도, 업무상으로도 호의적인 관계를 형성하는 데 유리해진다. 특히 문자로 나누는 비대면 대화에서는 첫인상에 공을 들이는 것이 좋다. 만나서 나누는 대화처럼 표정이나 음성으로 감정을 전할 수 없기 때문이다. 인사말은 이런 문자 대화의 첫인상을 결정한다. 말문을 어떻게 여느냐에 따라 앞으로 이어질 대화의 톤이 잡힌다.

- "차장님, 안녕하세요. 좋은 주말 보내셨는지요!"
- "매니저님, 안녕하세요. 점심 맛있게 드셨나요?"

본론으로 들어가기 전, 이렇게 짧게 안부를 물으며 여유를 가져보는 것이다. 문자 대화에서의 인사말은 대화에서 호흡을 조절하는 것과도 같다. 급박한 말투로 본론으로 직행하기보다 잠시 숨을 고르고 인간적인 교류가 살아 숨 쉴 공간을 만드는 것이다. 마음의 여유가 없을 때는 호흡 고르기가 쉽지 않을 것이다. 하지만 그럴 때일수록 상대방을 인간적으로 대한다면 일로 맺게 된 관계일지라도 좋은 인상을 남길 확률이 높다.

안부·감사·축하로 시작한다

문자 대화에서 어떤 말로 말문을 열어야 할지 막연하다면 '안부·감사·축하'를 기억하자. 식사를 했는지, 하루를 잘 보냈는지처럼 간단히 안부를 묻거나, 상대에게 감사 또는 축하할 일이 있다면 이를 표현하며 대화를 시작하는 것이다. 이는 문자뿐 아니라 업무 메일을 보낼 때도 온기를 더하는 방법이다.

- "팀장님, 안녕하세요. 지난번 미팅 조율을 잘해주신 덕분에 업무를 원활히 진행할 수 있었습니다. 감사드립니다."(감사)

● "삼촌, 안녕하세요. 그동안 잘 지내셨는지요. 삼촌 댁에
   경사가 있다고 들었습니다. 축하드려요!"(안부, 축하)

문자 대화를 여는 인사말에서는 너무 거창한 감사나 축하가
아니어도 괜찮다. 첫 번째 예시처럼 상대의 작은 호의나 매너에
감사를 보내는 것이다. '~한 덕분에', '~해서'와 같은 표현을 사
용하면 말을 쉽게 이어갈 수 있다. 만약 오랜만에 연락하는 상대
라면 안부와 함께 상대와 관련된 정보 중 간단하게 축하할 만한
이야기를 꺼내며 대화를 시작하는 것도 좋다. 문자를 받는 상대
역시 바로 본론으로 들어가며 말을 시작할 때보다 좀 더 여유를
가지고 대화에 임할 수 있게 된다.

원인과 결과를 넣어 감정을 표현한다

막연한 안부 인사 대신 진솔한 인사말을 하고 싶다면 표현에
구체성을 더해보자. '~해서 ~하다', '~한 덕분에 ~했다' 등의 표
현으로 감사나 축하에 원인과 결과를 넣는 것이다. 결과를 말할
때 업무적인 성과가 있다면 좋겠지만, 그게 아니라면 '감사한 마
음'처럼 감정을 표현해보자.

- "선배님께서 잘 가르쳐주신 덕분에 많이 배울 수 있어서 감사하게 생각합니다."
- "너희들이 축하해줘서 이번 생일이 어느 때보다 더 즐겁고 행복했어."
- "선생님께서 협업 제안을 해주신 덕분에 저희도 새로운 콘텐츠를 만들 수 있었습니다. 감사드립니다."

얼굴을 맞대고 하는 대화에는 없는, 문자 대화의 장점이 하나 있다. 바로 시간적인 여유다. 순발력이 부족해 대면 대화에서 미처 표현하지 못했던 말들도 문자 대화에서는 담백하게 담아낼 수 있다. 평소 표현을 제대로 하지 못해 아쉽다고 생각되는 상대가 있다면, 여유를 가지고 문자로 마음을 전해보자.

상황 묘사로 표정을 담는다

문자를 주고받다 보면 내 감정을 조금 더 전하고 싶어질 때가 있다. 공감과 위로를 건네고 싶거나 감동을 받은 순간처럼 내 진심을 적극적으로 표현하고 싶어지는 상황 말이다. 그럴 때 문자에 생생한 감정을 담으면 단순하고 정제된 표현에 비해 상대에게도 그 마음이 전달될 확률이 높아진다. 그런데 구체성을 넣은 표현을 즉각 생각해내 문자로 보내기란 쉽지 않다. 이럴 때 유용한, 내가 라디오 청취자에게 배운 방법을 소개한다. 바로 상황 묘사로 표정을 담는 것이다. 라디오 생방송 중에는 다양한 문자가 도착한다. 선곡한 음악에 대한 감상, 오늘의 기분과 같은 감정 표현, 방송을 들으면서 느낀 점 등. 그중 특히 눈에 띄어 바로 소개하는 문자에는 생생한 감정이 담겨 있다. 짧은 글인데도 청취자의 감정, 표정이 느껴진다.

- "노래가 나오니 신이 났는지, 다섯 살 된 우리 딸이 옆에서 흔들흔들 춤을 추네요."
- "먹는 이야기를 들으니 갑자기 침이 고여요. 얼큰한 부대찌개가 아른거려서 지금 배달되나 찾아보고 있어요."
- "보내주신 위로가 요즘 날씨처럼 제 마음을 녹여주었어요. 그 사람에 대한 미움으로 괴로웠는데 저 자신을 위해 이젠 놓아주어야겠다는 생각이 듭니다. 고맙습니다."

생생한 상황 묘사는 문자에 표정을 담는 가장 좋은 방법이다. 노래를 듣고 신이 났다는 것을 '딸이 옆에서 춤을 춘다'처럼 눈에 보이는 상황으로 묘사하면 "노래 신나요!", "방금 나온 곡 좋네요"보다 훨씬 더 생생해진다. 이와 마찬가지로 내 마음을 비유와 구체적인 감정의 서술을 통해 표현해보면 상대에게 내가 느끼는 고마움의 정도나 깊이를 전달하기가 더 수월해진다. 이렇게 눈에 보이는 것, 들리는 것, 느껴지는 것을 문자에 스케치하듯 표현해보자. 마치 그림을 그리듯 보이는 것을 문자로 써 내려가면, 시적인 표현처럼 특별한 관찰력이나 비유가 없어도 감정을 생생하게 전달할 수 있다.

- 웃기다: 너무 웃어서 눈물이 고였다.
- 감동이다: 감동해서 코끝이 찡해진다.
- 기쁘다: 기쁜 마음에 발걸음이 빨라진다.
- 배고프다: 배에서 계속 꼬르륵 소리가 난다.
- 긴장하다: 손에 땀을 쥐게 된다.

이처럼 나만의 방식으로 생동감 있고 유쾌하게 표현하는 연습을 해보자. 평소 자주 사용하는 표현을 이렇게 한번 정리해두면 실시간 문자 소통에서도 즉시 활용할 수 있다. 딱히 좋은 표현이 떠오르지 않는다면 예시 중 '손에 땀을 쥐다'처럼 자주 사용하는 관용구를 사용해보자. 단순히 '긴장했다'라고 하는 것보다 내 감정을 좀 더 생생하게 전달할 수 있다. 개성 있는 나만의 표현과 널리 쓰이는 관용구를 많이 가지고 있다면 이모티콘이나 시각적인 밈 없이도 풍부한 감정 교류가 가능하다.

목소리는 얼굴,
말투는 표정이다

'얼굴도 본 적 없는 상대와 사랑에 빠져 결혼할 수 있을까?'

이런 질문에서 출발한 넷플릭스의 예능이 있다. 바로 〈연애실험 블라인드 러브〉다. 이 리얼리티쇼의 참가자들은 일주일 동안 벽을 사이에 두고 대화를 나누며 호감을 쌓는다. 그중 커플이 생기면 청혼이 이뤄지고, 승낙이 되면 실제로 만나서 데이트를 하고 결혼까지 하는 형식이다. 여기서 커플을 정하기까지 자신을 어필할 수 있는 방법은 오직 음성뿐이다. 목소리와 말투, 대화 내용만으로 일생일대의 결정이 될지도 모를 선택을 해야 한다.

결혼까지는 아니지만, 팬데믹 시대가 된 이후 얼굴을 보지 않은 상대와 중요한 의사 결정을 해야 하는 상황이 많아졌다. 전화 면접, 음성 회의처럼 비대면 소통 분야가 기존보다 크게 확장되어 일상으로 자리 잡았다. '클럽하우스'처럼 오직 음성으로만 상대와 교류하는 SNS도 생겨났다. 그러다 보니 평소 사용해오던 '말'을 돌아보는 사람들이 많아졌다. 다른 요소의 지원 없이 오직 음성으로 상대를 설득하고, 호감을 얻어야 하기 때문이다.

그렇다면 평소 대화와 달리 비대면 음성 대화의 호감도를 결정하는 데 특히 중요한 요소는 무엇일까? 얼굴을 마주하는 대화와 마찬가지로 비대면 음성 대화에서도 비언어적인 요소가 큰 비중을 차지한다. 비대면 대화에서 비언어적인 요소란 목소리와 말하는 스타일, 즉 말투를 말한다. 음성의 높낮이, 강세, 속도 등이 그 사람의 인상을 결정한다.

오직 음성으로만 대화를 나누어야 하는 상황에서 목소리는 얼굴, 말투는 표정과도 같다. 대면 대화에서는 얼굴에서 첫인상을 느끼고 표정에서 감정을 인지했다면, 비대면 대화에서는 목소리와 말투로 이를 느낀다. 면접이나 비즈니스 대화, 소개팅 상대와의 첫 통화처럼 호감도가 중요한 음성 대화일수록 이 두 가지 요소에 신경을 쓰는 것이 좋다. 특히 전화 통화가 부담스럽거나 두려운 편이라면 다음의 두 가지 방법으로 극복해보자.

평소보다 한 톤 높여 말한다

라디오 드라마 속 성우들의 연기는 TV나 영화의 배우들보다 과장된 느낌을 준다. 효과음 또한 TV를 볼 때보다 더 극적이다. 그 이유는 바로, 라디오가 음성으로 모든 감정을 표현해야 하는 매체이기 때문이다. 표정, 몸짓을 시각적으로 담을 수 없기 때문에 청취자가 놓치기 쉬운 감정이나 상황의 정보들을 조금 더 극적인 연기나 효과음을 통해 전달하는 것이다.

전화 통화처럼 음성으로만 이루어진 비대면 소통 역시 이와 같은 한계를 지닌다. 상대에게 긍정적인 인상을 전달하고 싶다면 평소보다 극적인 톤으로 말하는 것이 좋다. 물론 연기를 하는 것처럼 부자연스러울 정도로 극적일 필요는 없다. 평소보다 톤을 조금 더 끌어올리는 정도면 충분하다. 평소 목소리가 '레' 정도라면 '미' 정도로 한 톤 높여 말해보는 것이다.

어린 시절을 떠올려보면, 어머니가 전화 통화를 할 때는 말투가 달라지곤 하셨다. 아버지 역시 회사 일로 통화할 때는 평소보다 높은 톤이 되셨다. 그런 모습이 신기하면서도 한편으로는 왜 그러시는지 궁금했는데, 바로 이런 이유 때문이 아니었을까 싶다. TV나 온라인 영상 매체에 더 익숙한 MZ세대에 비해 라디오에 더 친숙한 기성세대는 자연스레 음성 매체의 한계를 극복하기 위한 노하우를 체득하고 있었던 것이 아닐까?

미소를 머금고 말한다

갑자기 라디오 DJ가 되어 녹음실에서 마이크와 홀로 씨름하던 시절, 한 방송 선배가 알려준 방법이다. 미소를 머금고 말하면 듣는 사람에게도 그 미소를 담은 목소리가 전달된다는 것이었다. 선배의 가르침대로 미소를 지으며 말하자 신기하게도 목소리가 한결 더 따뜻하게 들렸다(공포 장르의 프로그램을 진행할 때는 청취자로부터 공포인데 따뜻한 말투여서 묘한 기분을 느낀다는 댓글을 받은 적도 있다).

나중에 알고 보니 입꼬리를 올리고 웃으며 소리를 내는 건 노래를 할 때도 적용되는 발성법이었다. 미소를 짓듯 입꼬리를 올리고 입속의 공간을 만든 뒤, 소리를 위로 띄우면 듣기 좋은 음색이 만들어진다. 라디오 프로그램을 만들면서 만났던 한 가수 역시 맑고 깨끗한 음색을 내는 비결을 묻자, 평소 톤보다 살짝 높은 느낌으로 기분 좋을 때 내는 목소리처럼 노래한다고 했다.

비대면 음성 대화일수록 소리를 더 밝게 띄우고 미소를 머금어야 하는 이유가 하나 더 있다. 일명 '마이크빨' 때문이다. 방송인들은 '화면발'을 잘 받게 하기 위해 메이크업을 좀 더 진하게 하고, 일상과는 다른 색깔과 디자인의 옷을 입는다. 카메라 렌즈의 왜곡과 조명 등의 영향으로 화면에 더 잘 나오는 스타일이 있기 때문이다. 목소리 역시 마찬가지다. 비대면 음성 대화에서 호감을 얻으려면 평소보다 더 밝은 목소리로 말해야 한다. 특히 비대면 대화를 나눌 때 쓰는 마이크는 녹음실에서 사용하는 고성능 녹음기에 비해 음질이 떨어진다. 조금 더 듣기 좋게, 밝은 톤으로 말하는 건 마치 카메라를 위한 메이크업, 옷차림과도 같은 효과를 준다.

음성 대화를 나누는 상대에게 좋은 인상을 주고 싶다면 기분 좋은 일이 없어도 미소를 머금어보자. 입꼬리만 올려도 좋다. 평소보다 밝고 따뜻한 톤의 말투가 될 것이다.

그 차이를 경험하고 싶다면 미소를 짓고 다음 문장을 읽어본 뒤, 입꼬리를 내린 상태에서 읽어보자. 비록 성우처럼은 아니어도 일상에서 필요한 최소한의 자기 연출이 가능해질 것이다.

"보통 기분이 좋아서 웃음이 나지요. 그런데 반대로, 웃어서 기분이 좋아지는 경우도 있습니다. 왜 그럴까요? 우리의 뇌가 만들어내는 엔도르핀 때문입니다."

뉴스나 탐사 보도 프로그램처럼 급박하고 심각한 느낌을 전달하고자 한다면 입꼬리를 내리고 말하는 것이 좋다. 입꼬리를 내리고 목소리도 한 톤 정도 낮추면 심각하고 진지한 느낌을 전달할 수 있으니 반대의 상황을 위해 참고하자.

말을 잘하는 사람은
말을 잘 들어주는 사람

다른 사람의 말에 귀를 기울이지 않으면 상대도 당신의 말을 귀 기울여 듣지 않는다. 말을 제일 잘하는 사람은 논리적으로 말하는 사람이 아니라, 남의 말을 잘 들어주는 사람이다.

미국 토크쇼의 전설 래리 킹이 한 말이다. 래리 킹은 63년간 라디오와 TV를 통해 5만 명에 가까운 사람을 인터뷰했다. 그의 이름을 건 CNN의 라이브 쇼 〈래리 킹 라이브〉는 CNN 뉴스보다 시청률이 높았고, 2021년 1월 87세의 나이로 사망하기 전까지 반세기 넘게 토크쇼의 제왕으로 군림했다. 그런 그가 좋은 대화의 기본 조건으로 꼽은 건 진실한 태도로 상대의 마음을 열게 하는 것이었다. 그는 특히 타인의 말에 귀를 기울여 제대로 듣는 것을 강조했다.

마음을 움직이는 경청

때로 경청은 처음 본 사람이 자신의 깊은 속내까지 털어놓게 하는 마법을 부리기도 한다.

"여기 제작진분들께서 이야기를 너무 잘 들어주셔서 제가 별의별 이야기를 다 하게 되네요."

학창 시절 영화를 만들던 때부터 PD가 되어 매주 한 팀씩 새로운 출연자와 라디오 프로그램을 만들던 시절에 이런 말을 들으면 특히 기분이 좋았다. 당연한 얘기지만, 사전 인터뷰에서 아티스트가 자신의 이야기를 편안하게, TMI^{Too Much Information}(과도한 정보) 수준까지 탈탈 털어놓을수록 전에 없던 기획과 구성을 하는 데 도움이 됐다. 편안한 분위기를 조성해 인터뷰를 하고 나면, 녹음 당일 현장에서 편안하고 즐거운 분위기를 만들기도 훨씬 수월했다. 제아무리 프로 진행자라 할지라도 사람이기 때문에 사전 인터뷰로 마음을 연 상태와 그렇지 않은 상태에서 갑자기 녹음에 들어가는 것은 결과물에서 확연한 차이가 있다. 어디서도 말하지 않았던 이야기를 아티스트가 최초로 공개하는 것은 연출자로서도, 함께 대화를 나눈 사람으로서도 즐거운 경험이었다.

자신이 없을 땐, 눈을 맞추며 듣는다

경청을 통한 교감은 좋은 대화가 싹트는 토양이다. 긴 대화였음에도 서로 마음을 열지 않은 채 겉도는 이야기만 이어졌다면 돈독한 관계의 열매는 열리지 않는다. 만약 앞서 배운 소통의 기술을 적용했는데도 말에 자신이 없는 순간이 온다면, 가장 먼저 상대의 말을 제대로 듣는 것으로 대화의 기본기를 다져볼 것을 추천한다. 말하는 사람의 눈을 맞추며 마음을 다해 이야기를 들어주는 경청은, 어떤 미사여구나 논리적인 말보다 더 강력하게 마음의 문을 열게 하는 힘을 지녔으니 말이다.

적극적으로 경청한다

상대의 말을 제대로 듣기 위해서는 소극적 청취가 아닌 적극적 경청의 자세가 필요하다. 소극적 청취는 상대가 하는 말의 감정이나 핵심을 놓치기 쉽다. 말없이 조용히 들어주고는 있지만, 잠시 다른 생각을 하거나 적절한 질문 또는 반응조차 없이 상대방 혼자 떠들게 하는 행위다. 물론 상대의 말을 끊고 자기 말만 하는 것보다는 소극적 청취를 하는 것이 상대의 마음을 여는 데 그나마 더 효과적일 순 있다. 하지만 상대에 따라서는 장기적으로 오히려 마음의 문을 닫게 하는 역효과를 부를 수 있으니 주의해야 한다. 잘 들어주는 것 같아서 아무에게도 하지 않았던 속 이야기를 꺼냈는데, 나중에 보니 상대가 하나도 기억을 하지 못한다면 어떤 기분이겠는가.

적극적 경청을 하는 구체적인 방법

핵심을 기억하며 듣는다

적극적 경청을 위해 다음의 두 가지를 짚어가며 듣는 것이 좋다. 바로 말에 담긴 내용, 말하는 상대의 감정이다. 말에 담긴 내용과 핵심 키워드를 기억해두면, 나중에 이와 관련된 이야기를 먼저 묻는 식으로 상대에 대한 관심을 표현할 수 있다. 쇼윈도에 진열된 구두가 예쁘다고 했던 말을 기억하고 생일에 선물을 해줄 때와 같은 감동을 줄 수 있다.

일상의 스몰 토크에서도 경청을 하며 상대의 말에 담긴 핵심 키워드를 비롯해 내용을 잘 기억해두면 이후 교류하는 데 큰 도움이 된다. 그중에서도 상대에게 중요한 포인트라고 생각되는 것들은 놓치지 말고 기억해두자. 상대의 고민거리나 문제, 특히 좋아하거나 싫어하는 것, 이사나 시험 날짜처럼 상대방에게 중요한 이벤트들을 기억해뒀다가 관심을 표하는 것이다.

- "지난번에 말했던 부동산 계약 문제 있잖아. 잘 해결 됐어?"
- "곧 시험이라 더 바쁘겠다. 다음 달에 시험 끝나면 홀가 분하게 만나서 밥 먹자!"
- "병원 예약은 잘 하셨어요? 제가 도와드릴 것은 없을 까요?"
- "부장님, 예전에 자녀분이 이 캐릭터를 좋아한다고 말 씀하셨지요? 그와 관련해서 재미있는 뉴스가 있어 공유 합니다."

아무리 철옹성 같은 벽을 친 사람일지라도 자신에게 관심을 가져주고 사려 깊은 질문을 하는 이에게 마음을 계속 닫아두기 는 쉽지 않다.

감정의 흐름을 따라가며 듣는다

적극적 경청을 하기 위한 두 번째 방법은 말하는 상대의 감정 흐름을 따라가며 듣는 방법이다. 상대의 감정에 공감하며 나 역 시 같은 입장이 되어 들어보려고 노력하는 것이다. 말을 하는 상 대는 지금 어떤 감정으로 이야기를 하고 있는지, 저 말을 하기까지 어떤 마음이었을지 감정의 흐름을 따라가며 말을 듣다 보면 나와 다른 성향의 사람일지라도 어느 정도 이해할 수 있게 된다. 이야기를 들으면서 상대의 마음을 느껴보려고 노력했기 때문에 소극적으로 흘려들을 때보다 더 열린 마음으로 상대의 이야기를 받아들일 수 있다. 그러면 자연스럽게 상대의 마음에 대해 질문할 수 있게 된다.

- "그래서 그 사람 말을 듣고 너는 어땠어?"
- "쉽지 않았겠다. 지금은 괜찮아?"

특히 상대에게 고민이 있거나 문제가 생겼을 때, 이런 질문을 주고받는 과정은 상대가 자신의 감정을 들여다보게 도와주기도 한다. 대화를 통해 자신의 감정을 털어놓는 것만으로도 치유가 된다. 게다가 귀 기울여 들으면서 상대의 감정에 집중하고 공감해주려 노력하면, 말하는 상대 역시 그 마음을 느끼고 마음을 열게 된다. 전문 상담가에게 고민 상담을 할 때, 특별한 조언을 얻지 않았더라도 마음이 편안해지는 것과 같은 원리다.

가만히 있어도 시끄러운 세상이다. 오프라인에서 접하는 말뿐만 아니라 온라인에 넘쳐나는 말의 홍수에 온종일 노출되다 보면 피로도가 높아진다. 말을 쏟아내는 사람은 많지만 내 말을 마음을 다해 들어주는 사람은 드물다. AI 스피커에게 말을 걸고, 휴대폰 속 음성 인식 서비스 소프트웨어와 대화하는 콘텐츠가 만들어지는 현상을 보고 있자면 가끔 쓸쓸한 감정이 밀려오는데, 아마도 이런 현상과 무관하지 않을 것이다. 이런 세상에서 경청은 배려가 담긴 소통의 출발점이자 가장 인간적인 말의 기술이다. 말에 자신이 없다면 집중해서 상대의 이야기를 들어주는 것으로 진심 어린 대화의 문을 열어보면 어떨까.

내겐 말이 다다.

쏘아붙이거나 소리 치지 않고, 나쁘게 말하지 않는 것.

말로 사람을 우선 끌어안는 것, 그게 다정함이다.

— 박연준, '인생은 이상하게 흐른다' 중

유튜브 채널에서 소개하기도 했던, 볼 때마다 고개를 끄덕이게 되는 구절이다. 말을 잘하는 사람에 대해 이야기할 때면 나는 제일 먼저 이 구절을 떠올린다. 상대에게 상처를 주는 말하기, 거침없는 망언은 하기 쉽고 간편하다. 온라인에 대안 없는 비난이 쏟아지는 것처럼, 생각을 깊게 하지 않아도 할 수 있는 말이다. 반면 쏘아붙이거나 소리를 치지 않고도 내가 하고 싶은 말을 전

306

할 줄 아는 능력은 수련이 필요한 영역이다. 컨디션이나 기분에 좌우되지 않고, 나를 지키면서 관계도 해지지 않고 할 말을 다 하는 건 쉽지 않다.

그럼에도 다정함을 놓치지 않고 해야 할 말을 해낸다면 더 큰 세상으로 날아갈 수 있는 날개를 얻는다. 말이 통하지 않을 거라 믿었던 사람을 설득해냈을 때, 욱하는 감정을 누르고 상대의 감정을 배려하면서도 꼭 해야 할 말을 해냈을 때가 그렇다. 말 역시 처음이 어렵다. 어려운 상황에서 소통을 통해 헤쳐나간 경험들이 쌓이면 조금씩 대담해진다. 대화법에 대한 콘텐츠를 만들게 된 것도, 책을 쓰게 된 것도, 그렇게 입을 떼는 데 필요한 기본적인 대화의 기술이 누군가에게 용기를 주었으면 하는 마음에서 출발했다.

물론 상황에 따라 다정함을 놓고 싶고, 전략적으로 차갑게 대해야 하는 이들도 존재한다. 그럼에도 불구하고 이 글을 읽는 당신이 다정함을 포기하지 않았으면 좋겠다. 때론 날카로운 사람들이 우리를 뾰족하게 만들기도 하지만 말이다. 적응을 위한 변화였지만, 그 변화가 일정 기간 지속되면 결국 내가 된다. 말 습관

역시 마찬가지다. 타인의 말로 인해 나를 바꾸거나 애써 차가워지는 대신, '따뜻한 돌아이'처럼 적당히 표현하고 맺고 끊으며 마음속 응어리를 조금씩 덜어냈으면 한다.

라디오를 좋아했고, 결국 PD가 된 것도 같은 맥락이다. 라디오를 듣는 분들 대부분은 매일매일 묵묵히 자신의 일을 해내는 사람들이다. 눈코 뜰 새 없이 바쁘고 고단한 나날을 보내는 중에도 라디오를 들으며 막간의 즐거움을 놓치지 않으려 한다. 어이없는 상황에서도 웃으며 유머를 잃지 않으려는 여유가 있다. 그래서인지 라디오 문자나 사연에서는 따뜻한 사람 냄새가 난다. 빠르게 타오르고 빠르게 식는 시대에 참으로 귀한 온기다. 그때 느꼈던 라디오의 정서를 유튜브 채널에도 담고자 늘 노력한다.

비록 부족한 글솜씨 탓에 모든 꼭지에 온기를 담아내지 못했더라도, 에필로그를 통해 마지막까지 다정함과 따뜻함을 담으려고 노력해본다. 이 글을 읽는 당신뿐만 아니라 나도, 우리 모두 할 말은 하면서 관계를 지킬 줄 아는 어른이었으면 한다.

사랑하는 가족·친구·동료·선배들에게, 책과 연이 닿을 수 있도록 〈희렌최널〉을 사랑해주시고 응원해주신 희릿에게, 10개

월이 넘는 시간을 기다리며 책을 만들도록 도움을 주신 모든 분에게, 하고 싶은 말을 하지 못해 눈물 흘린 적이 있는 당신에게, 그리고 지금의 나를 만들어준 라디오에 이 책을 바친다.

《5초의 법칙》, 멜 로빈스, 한빛비즈, 2017

《감정 독재》, 강준만, 인물과사상사, 2013

《교육학용어사전》, 서울대학교교육연구소, 하우동설, 1995

《국제인권조약집》, 정인섭 편역, 경인문화사, 2008

《너 이런 심리 법칙 알아?》, 이동귀, 21세기북스, 2016

《대화의 신》, 래리 킹, 위즈덤하우스, 2015

《독점의조건》, 김재영, 한스미디어, 2016

《살아갈 날들을 위한 공부》, 레프 톨스토이, 조화로운 삶, 2007

《상담학 사전》, 김춘경 등 저, 학지사, 2016

《설득의 심리학》, 로버트 치알디니, 21세기북스, 2019

《세상에서 가장 재미있는 61가지 심리실험》, 이케가야 유지, 사람과
　　나무사이, 2019

《세상에서 가장 재미있는 63가지 심리실험》, 이케가야 유지, 사람과
　　나무사이, 2018

《시사상식 바이블》, pmg 지식엔진연구소, 박문각, 2008

《심리학을 만나 행복해졌다》, 장원청, 미디어숲, 2020

《심리학이 나를 안아주었다》, 이정미, 웨일북, 2019

《어떻게 마음을 움직일 것인가》, 하이디 그랜트 할버슨, 부키, 2020

《어떻게 읽을 것인가》, 고영성, 스마트북스, 2015

《우울할 땐 뇌과학》, 앨릭스 코브, 심심, 2018

《지금 바로 써먹는 심리학》, 리처드 와이즈먼, 웅진지식하우스, 2019

《철학사상》 별책제3권 제12호, 로크《인간지성론》, 김상현, 서울대학
교 철학사상연구소, 2004

《트렌드 지식 사전》, 김환표, 인물과사상사, 2013

2017년도 인권상황실태조사 연구용역보고서, 직장내 괴롭힘 실태조
사, 국가인권위원회

할 말은 합니다

초판 1쇄 발행 2021년 8월 26일
초판 8쇄 발행 2024년 4월 5일

지은이 희렌최
펴낸이 김선식

부사장 김은영
콘텐츠사업2본부장 박현미
콘텐츠사업9팀장 차혜린
콘텐츠사업9팀 강지유, 최유진, 노현지
편집관리팀 조세현, 김호주, 백설희
저작권팀 한승빈, 이슬, 윤제희
마케팅본부장 권장규
마케팅1팀 최혜령, 오서영, 문서희
채널1팀 박태준
미디어홍보본부장 정명찬
브랜드관리팀 안지혜, 오수미, 김은지, 이예주
지식교양팀 이수인, 염아라, 김혜원, 석찬미, 백지은
크리에이티브팀 임유나, 박지수, 변승주, 김화정, 장세진, 박장미, 박주현
뉴미디어팀 김민정, 이지은, 홍수경, 서가을, 문윤정, 이예주
재무관리팀 하미선, 윤이경, 김재경, 이보람, 임혜정
인사총무팀 강미숙, 김혜진, 지석배, 황종원
제작관리팀 이소현, 최완규, 이지우, 김소영, 김진경, 박예찬
물류관리팀 김형기, 김선진, 한유현, 전태환, 전태연, 양문현, 최창우, 이민운

외부 스태프 교정교열 공순례 디자인·일러스트 urbook
펴낸곳 다산북스 **출판등록** 2005년 12월 23일 제313-2005-00277호
주소 경기도 파주시 회동길 490
전화 02-704-1724 **팩스** 02-703-2219 **이메일** dasanbooks@dasanbooks.com
홈페이지 www.dasanbooks.com **블로그** blog.naver.com/dasan_books
종이 신승INC **인쇄** 민언프린텍 **코팅 및 후가공** 평창피앤지 **제본** 다온바인텍

ISBN 979-11-306-4061-7 03190

다산북스(DASANBOOKS)는 독자 여러분의 책에 관한 아이디어와 원고 투고를 기쁜 마음으로 기다리고 있습니다.
책 출간을 원하는 아이디어가 있으신 분은 다산북스 홈페이지 '투고원고'란으로 간단한 개요와 취지, 연락처 등을
보내주세요. 머뭇거리지 말고 문을 두드리세요.